K-증시혁명
한국증시, 2025년 이전과 이후로 나뉜다

초판 1쇄 발행 2025년 8월14일

글쓴이 강관우
펴낸이 노성호
펴낸곳 주식회사 뿌브아르
인쇄한곳 한영문화사
디자인 노지혜

출판등록 2008년 12월 16일 제 302-2008-00051호
주소 서울시 서초구 방배중앙로 15길2 비2호 (우)06564
전화 (02) 774-2520
팩스 (02) 774-2544
이메일 thepouvoir@gmail.com

가격 21,000원
ISBN 978-89-94569-01-7

이 책은 저작권법에 따라 보호를 받는 저작물이므로 무단 전제 및 복제를 금합니다.

뿌브아르

추천사

🎙️ **'톱다운-바텀업' 분석이 가능한 베스트 애널리스트 3관왕**

이 책의 저자는 국내 대표 증권사 및 외국 증권사를 두루 섭렵한 금융투자업계 몇몇 안 되는 글로벌 시각을 가진 전문가이다.

미국 최고 증권사 모건스탠리, 유럽에서 가장 존경받는 UBS증권 서울지점 임원을 역임했고 신한투자증권 리서치 헤드, 삼성증권 리서치 부센터장을 맡으면서 수많은 베스트 애널리스트를 만들었다. 저자 자신도 베스트 애널리스트 3관왕 출신이다.

리서치와 국제영업을 넘나들며 체득한 경험과 인사이트가 이 책에 생생하게 녹아 있다.

암울했던 2024년 말 증시 상황에서도 2025년 증시 반전 희망의 메시지를 던졌던 저자는 증시에 대한 하향식 Top down 및 상향식 Bottom up 해법을 독특하게 제시한다. 금융투자 초보자뿐 아니라 중급자에게, 특히 글로벌 관점에서 투자를 지향하는 분들에게 지침서이다. 코스피 5000으로 가는 로드맵을 기업 거버넌스 개선 포함 다양한 각도에서 입체적으로 조명한 시도 또한 참신하다.

이남우 (한국기업거버넌스포럼 회장, 연세대 국제학대학원 객원교수)

🎤 기본에 충실한 시각으로 빠르게 '코리아 프리미엄' 외쳐

저자를 처음 접했던 시기는 1990년대 초 동원증권(현 한국투자증권) 국제부에 근무했던 시절이었다.

준수한 외모, 거기에 걸맞지 않은 터프한 어투와 불의를 참지 못하는 불같은 성격, 해외 유학 경험이 없음에도 빼어난 영어 실력, 그리고 가수 뺨치는 노래 실력, 이러한 내 기억 속에 남아있는 저자의 잔상들로 유추하면 한마디로 '사나이 중의 사나이'라고 할 수 있다.

오랜 세월이 지났음에도 저자는 변함이 없다.

투기가 만연하고 테마주가 춤을 추던 지난 10여 년간 시장에서 홀로 밸류에이션을 외치며 고군분투하던 저자의 모습이 지금도 눈에 선하다. 이제 수십 년간 축적된 리서치 역량과 내공으로 시장의 비합리성과 맞서 싸우며 국장을 외친다.

때는 무르익었다. 저자의 주장대로 코리아 프리미엄 시대가 도래하고 있다.

코리아 디스카운트의 본질적인 원인은 두 가지다.

주주의 비례적 이익이 보호되고 있지 않은 후진적인 거버넌스와 지배주주와 일반주주 간의 이해관계의 불일치이다.

이제 이 모든 것이 상법 개정으로 해결될 조짐이 보인다.

암울했던 24년 말 한국증시 상황에서도 25년 증시 대반전의 희망적인 메시지를 던졌던 저자의 데이터에 근거한 신뢰도 높은 전망을 들어보라.

마지막으로 벤자민 그레이엄이 자기 제자들에게 들려주었던 조언으로 글을 마무리하고자 한다.

"군중이 너와 의견을 달리하는 것만으로 너는 옳지도 그르지도 않다. 너의 데이터가 옳고 추론이 옳아서 너는 옳은 것이다."

자, 이제 저자의 데이터와 추론을 잘 읽고 믿어보길 바란다.

이채원 (라이프자산운용 의장, 전 밸류자산운용 대표)

독자적인 투자 인사이트 개발한 베테랑

지난 1987년 한국증권전산KOSCOM에 입사한 뒤 여의도의 증시에 발음 담근 후, 연합뉴스와 SBS 경제부 기자로서 금융시장의 오랜 흐름을 가까이서 지켜볼 수 있었다.

1997년 외환위기, 2003년 신용카드 사태, 2008년 글로벌 금융위기, 2019년 코로나19 팬데믹 속에서 큰 변동성을 경험했지만, 이제 한국 투자자도 한국증시도 글로벌 수준으로 도약했다.

'계란을 한 바구니에 담지 마라', '수급은 재료에 우선한다.', '증시는 우려 속에 크고, 낙관 속에 진다', '누가 속 옷을 입지 않았는지는 물이 빠져봐야 안다.' 이렇듯 주식시장 주변에는 예로부터 내려오는 여러 가지 '금과옥조' 같은 말들이 있다.

하지만 온갖 요인들이 서로 작용해 나타나는 주가를 예측하고, 투자 타이밍을 잡아 수익을 내기는 쉽지 않다.

정보를 접한 투자자들이 사고팔며 만들어 내는 시세는 강아지가 주인을 앞서거니 뒤서거니 하듯이 리드lead와 래그lag가 있으며, 술에 취한 주정뱅이의 걸음걸이처럼 좌우 어디로 향할지 개구리가 뛰는 방향을 예측하기보다 어렵다.

최근 서울 강남의 아파트처럼 가격이 오를 때는 '탐욕greed'에 빠져 언제까지나 더 가격이 오를 것 같지만, 상황이 바뀌어 위기 상황이 되면 '공포panic'에 빠져 끝없이 가격이 추락할 것만 같다.

투자의 성공을 좌우하는 것은 떨쳐 버리기 힘든 '탐욕'을 절제하고, 극복하기 힘든 '공포'를 이겨내고 한발 앞서 투자할 수 있는 결단력과 인사이트다.

젊은 시절부터 증권 업계에서 잔뼈가 굵은 저자는 지난 2024년 모두가 '해외 증시로 가자'라고 외칠 때, '한국증시에 기회가 있다'고 반전의 메시지를 전한 '펀더멘탈'을 갖춘 전문가이다. 오랜 경험을 바탕으로 독자적인 투자 인사이트를 구축한 베테랑이다.

MV = PY (M: 통화량, V: 통화유통속도, P: 가격, Y: 산출량)

경제학에서 배우는 항등식은 많은 것을 설명해 준다.

인플레이션은 항상 화폐적 현상이라는 말이 있듯이 돈이 많이 풀리면 물품과 서비스의 가격은 오르게 돼 있고, 돈이 몰리는 곳의 가격은 오른다는 것이다.

미국에서 시작된 글로벌 금융위기, 중국에서 시작된 코로나19 팬데믹 극복 과정에서 1조 달러에 불과했던 달러 현금통화는 9조 달러로 불어났고, 이렇게 불어난 통화가 인터넷 이후 가장 혁신적 기술로 꼽히는 AI 붐을 타고 곳곳에서 '잭팟'을 터트리고 있다.

두 번째 집권한 트럼트 대통령이 '전가의 보도'처럼 휘두르는 '관세'무기는 전세계 지정학적 상황과 맞물려 큰 변화를 몰고 오고 있다.

고율의 관세 폭탄은 미국이 1929년 대공황 시절 국내 산업 보호를 위해 시행했던 '이웃을 가난하게 하는 beggar thy neighbor' 정책으로, 국가 간 관세 전쟁으로 이어져 대공황을 더욱 심화했다는 지적을 받는다.

AI가 기존 경제의 토대를 흔들고, 곳곳에 발생한 전쟁으로 지정학적인 불확실성이 높아지면서 전 세계가 새 판 짜기를 하고 있다.

저자의 인사이트를 담은 이 한 권의 책이 투자자들의 경험과 융합해 많은 글로벌 부자가 탄생하는 촉매제가 될 것으로 기대한다.

김용철 (지식재산전문미디어 IPDaily 편집인, 전 SBS 보도국 국장)

🎙️ '레전드급 지혜'가 책으로 나온 건 한국증시에 행운

저자와의 첫 만남은 2012년 가을, 글로벌 금융위기의 여파가 유럽으로 번지던 시기였다. 나는 개인적으로 일에 지쳐 사표를 고민하던 중이었고, 눈치 없는 회사는 '개편'이라는 이름 아래, 진행 경험이 전무한 앵커를 증시 개장 시간대에 투입하라는 과제를 안겼다.

경제 채널에서 가장 중요한 증시 개장은 능숙한 진행자조차 긴장하는 시간대다. 그런 프로그램을 '신인'에게 맡기라고? 만사에 삐딱하던 그때 만난 '뉴비(무경험자)'가 바로 저자였다.

첫 만남에서 나는 저자가 어째서 '레전드'로 불리는지 한 방에 이해했다. 경제 채널이 나아가야 할 방향과 구체적인 개선 방안을 빼곡히 담은 2장짜리 컨설팅 문서를 나에게 건네주었기 때문이다. 군더더기 없이 정제된 그 PPT에는 프로그램을 오래 지켜봐 온 사람만이 제시할 수 있는, 날카롭고 실질적인 제안들로 가득했다.

"프로는 결과로 말하는 겁니다."

"사람이 아닌 퍼포먼스가 우리를 구원하도록 합시다."

글로벌 스탠다드를 기준으로 삼자던 저자의 말은 단순한 구호가 아니었다. 저자는 '일을 사랑하는 사람'의 태도가 무엇인지 몸소 보여주었다.

함께 일하는 동안 나는 왜 저자가 대한민국 최연소 증권사 리서치센터 부서장이 되었는지, 어떻게 베스트 애널리스트 3관왕을 차지했는지, 어떤 이유로 업계에서 '레전드 중의 레전드', '슈퍼 애널리스트'로 불리는지를 가까이에서 확인할 수 있었다.

'디테일에 강하고, 실행력이 뛰어나다'는 말로는 부족한, 진짜 '일을 아는 사람', '일을 사랑하는 사람'이 바로 이 책의 저자다.

다행히 지금까지도 우리는 출연자와 PD라는 고리로 연결되어 있다. 시장의 공포심이 고조되는 순간이 오면, 나는 어김없이 저자에게 섭외 전화를 건다. 근거 없는 확신으로 틀린 예측을 하고도 "내 예측이 맞았다"고 말하는 '보따리장수'들과는 전혀 다른, 정교한 그래프와 분석이 저자의 방송에는 늘 남아있다. 믿기 어렵다면 검색해보면 된다.

2021년 1월, 유동성 랠리의 끝이 어디인지 모두가 궁금해 하던 시기. 코로나 팬데믹 이후 코스피가 3000선을 돌파하며 일부에서 3400선까지도 거론되던 상황 속에서, 저자는 정규분포 그래프로 시장 과열 구간임을 지적하며 리스크 관리가 필요하다고 조언했다. 고점을 예측한 저자의 방송은 이후 더욱 빛을 발했다.

2022년 7월, 미국의 금리 인상이 가속화되고 러시아-우크라이나 전쟁까지 겹쳐 코스피가 2300선 아래로 속절없이 무너지던 시기. 저자는 PBR과 ROE 데이터를 근거로 "더 빠질 자리는 없다"며 저점 매수 구간임을 확신 있게 말했다. 공포 마케팅으로 증시를 흔들던 경제 방송들 사이에서, 유일하게 냉정하고 명확한 메시지를 전달한 순간이었다고 자부한다.

주도주도 없고 상승 탄력마저 실종된 2024년 말부터 2025년 초, 모두가 '국내 증시는 틀려먹었다'고 냉소하던 시기에도 저자는 가장 먼저 '코스피 3000 시대'를 예측했던 전문가다.

이 책은 오랜 저평가에 익숙해진 투자자들에게, '이제는 국내 증시에 대한 판단을 바꿀 때'임을 조용하지만 단호하게 일깨워주는 나침반 같은 존재다. 변곡점에 선 한국 시장을 제도, 산업, 자본의 흐름 속에서 입체적으로 파헤치는 이 책의 시각은 단순한 분석을 넘어 방향성 그 자체다.

진짜 시장 분석은 늘 '반 발짝' 앞서 간다. 그리고 저자는 항상 반 발짝 앞에서 투자자들을 기다리고 있던 사람이다. 인디언 기우제 지내듯 일방적인 방향성을 외치는 자칭 전문가들이 넘쳐나는 시대. 진짜 가디언이 누구인지 알아보는 안목이 곧 시장을 이기는 힘일 것이다.

저자가 수년간 축적해 온 통찰과 분석을, 이제 독자들이 손안에 담을 수 있게 됐다. 이는 한국증시와 투자자들에게는 행운이다.

이 책의 마지막 페이지를 덮는 순간, 여러분은 저자의 다음 책을 기다리게 될 것이라고 감히 나는 장담한다.

김경화 (SBS Biz 제작부 PD)

들어가는 글

왜 지금,
한국 증시(K-증시)인가?

"한국 시장의 기조적 변화가 감지됩니다!"

2025년 6월 3일 대선을 기점으로 한국 증시는 뚜렷한 방향 전환의 조짐을 보이고 있습니다. 새 정부가 출범한 지 채 두 달도 지나지 않았지만, 시장은 이미 400포인트 넘게 상승하며 강한 반응을 보였습니다. 투자자들 사이에서는 "이 흐름이 어디까지 이어질 것인가?", "지금이라도 시장에 뛰어들어야 하는가"를 놓고 고민이 깊어지는 가운데, 3,000~3,200선 부근에서 눈치싸움이 치열해지고 있습니다. 이런 상황에서 6월 말, 정부는 '주택담보대출 6억원 제한'이라는 강도 높은 부동산 규제책을 전격적으로 발표하며, 자금이 주식시장으로 유입될 수 있다는 기대감에 다시 한번 불을 지폈습니다.

주가가 오르면 오르는 대로, 내리면 내리는 대로 우리는 늘 생각이 많아집니다. 하지만 이번엔 다를 수 있습니다. 저는 최근 경제방송에 출연해 이렇게 말했습니다. "신정부의 증시 부양 의지는 일시적 이벤트가 아니라 임기 내내 이어질 확률이 높습니다. 정책의 지속성을 신뢰한다면, 지금이야말로 한국 증시(K-증시)에 참여할 시기입니다."

과거의 K-증시가 반복된 약세와 불확실성의 늪에 머물렀다면, 지금은 그 패러다임이 전환되는 순간일 수 있습니다. 저는 이번 강세장이 일시적 반등이 아니라 장기적인 추세로 이어질 가능성에 무게를 둡니다. 아니, 그렇게 만들어가야 합니다. 우리 경제의 잠재력을 깨우고, 대한민국의 미래를 증시라는 성장의 마중물로 연결시키기 위해서 말입니다.

지난 10년, 한국 증시는 '저평가'라는 단어의 수식어에서 좀처럼 벗어나지 못했습니다. 'K-증시'는 기업실적 등에 비해 낮은 주가배수 Valuation Multiple, 후진적인 지배구조, 외국인 자금 이탈 등으로 번번이 외면받아 왔습니다. 하지만 최근 기류가 바뀌고 있습니다. 2025년 중반을 기점으로 변화의 물결이 일며 전환점을 맞이하고 있습니다.

글로벌 자산 시장이 구조적으로 재편되는 흐름 속에서, 자본은 다시 한국을 주목하기 시작했습니다. 달러 약세와 더불어 미국 중심이었던 투자 구조의 변화, 한은 금통위의 기준금리 인하 사이클, 한국의 산업 전략화(반도체, 조선, 방산 등), 상법 개정추진과 이에 따른 지배구조 변화, 외국인 자금의 복귀까지 … 이 모든 요인은 단순한 단기 랠리를 넘어선 '판의 전환'을 의미합니다. 지금 한국 증시를 바라보는 시선은 더 이상 과거의 잣대로 설명할 수 없습니다.

이 책은 다음과 같은 물음에서 출발합니다.

"지금의 랠리는 진짜인가?"

"한국 증시는 구조적으로 다시 '기회'의 시장이 될 수 있는가?"

"AI, 데이터 경제, 금리 변화, 제도 개편이 자산 시장에 어떤 신호를 주고 있는가?"

"개인투자자들은 이 변화에 어떻게 대응해야 하는가?"

이 책은 한국 증시를 둘러싼 구조적 변화를 네 개의 축으로 나누어 설명합니다.

1부에서는 큰 판이 어떻게 바뀌고 있는지, 자산 배분의 흐름이 어떤 전환점을 맞이했는지 분석합니다.

2부에서는 K-증시가 실제로 어떻게 구조 재편되고 있는지를 구체적인 지표와 사례로 설명합니다.

3부에서는 '5,000포인트'라는 숫자가 단지 꿈이 아닌 현실이 되기 위한 제도와 환경 조건을 점검합니다.

마지막 4부와 부록에서는 자본의 귀환과 개인투자자의 대응 전략을 통해 실전적 통찰을 제시합니다.

이 책은 단순한 낙관도, 근거 없는 장밋빛 전망도 아닙니다. 현재 한국 증시에서 진행 중인 구조적 변화의 본질을 있는 그대로 읽고, 그 안에 내재된 가능성과 위험을 객관적으로 조망하며, 독자들에게 실질적인 투자 인사이트를 제공하고자 하는 데 그 목적이 있습니다.

1989년 12월, 신입사원으로 증권 업계에 첫발을 디딘 이래, 지난 36년간 국내외 증권사에서 몸담으며 겪은 수많은 시행착오와 실전 경험은 이 책의 뼈대를 이루는 자양분이 되었습니다. 그러나 이 책은 완성이 아니라 여전히 '진화 중인 결과물'입니다. 금융시장은 유기체처럼 끊임없이 변화하며, 저 역시도 배우고 관찰하고 분석하는 과정을 계속하고 있기 때문입니다.

이 책이 한국 자본시장의 미래를 함께 고민하고 설계해 나가는 여정의 한 출발점이 되기를 진심으로 바랍니다.

판이 바뀔 때는, 모든 것을 새롭게 봐야 합니다.
2025년, 한국 증시는 바로 그 전환의 한복판에 서 있습니다.

목차

추천사   4
들어가는 글: 왜 지금, 한국 증시인가?   12

1부 큰 판이 바뀐다

1장. Great Rotation의 서막

24년 꼴찌에서 25년 반등, K-증시의 반전	27
랠리의 성격: 허니문인가? 따라잡기인가?	32
경제와 증시, 판을 키워야 산다	36
대마불사	39
주가 재평가(Rerating)와 멀티플(Multiple) 확장에 주목하라	44
국장의 시가총액은 이미 사상 최고치 경신 중!	47
외국인 자금 복귀가 보내는 신호	51
돌아온 연기금…. 훌륭했던 방파제 역할	55
삼성그룹, 부동산 팔고 주식 산다	58
다시 조이는 주담대…. 강남 막히고 증시 길 열린다	60
Great Rotation 시작된다 … 길게 보자	64

2장. 환율과 글로벌 자산 흐름의 최근 변화

- 미 달러화 약세 전환, 금과 비트코인의 약진 … 66
- 자산의 역할 재편: 금(Gold)은 방패, 코인(Coin)은 창 … 70
- 스테이블코인과 기축의 재정의 … 73
- 원화 강세는 외국인 매수의 기폭제 … 75
- 환율과 K-증시의 민감한 상관관계 … 78
- 美 중심 자금 흐름, 이제는 분산으로 … 82
- 트럼프는 여전히 약달러를 원한다 … 85
- 미 국채 수익률 4~5%가 주는 신호 … 89

3장. 산업이 바뀐다, 자산이 바뀐다

- 제조에서 플랫폼으로: 산업구조의 재정의 … 91
- 가치(Value)와 성장(Growth): 자산 배분의 새로운 중심 … 94
- 전략자산으로 떠오른 반도체, 조선, 방산 … 97
- 산업 패러다임 전환과 자본시장의 반응 … 101

4장. 한국판 빅테크, 키워야 산다

- AI 시대, 한국은 어디에 서 있나? … 104
- 산업구조를 바꾸는 AI, 기회인가 위기인가? … 106
- 플랫폼 기업, 가치평가의 새로운 기준 … 110
- 데이터는 디지털 금광이다: 자산의 정의가 바뀐다 … 114
- 한국판 Big Tech, 화끈하게 키워주자 … 116

2부

K-증시, 새로운 지평을 열다

5장. 코스피 3,000 시대의 문을 두드리다

2,650~2,700선 돌파, 의미 있는 첫 관문	125
국내 증시 재편의 신호	127
주가 재평가(Rerating) 아이디어 찾기: 시장의 변화된 눈	130
PER 10배와 PBR 1.0배의 의미	132
외국인, 하이닉스에 집중한 까닭	137
증권주 강세: 구조적 변화의 징조	141
증권 vs 은행, 금융주는 어디로?	145
지주사·저PBR·네이버·카카오 등 소외주의 반란	148
시장흐름에 대항하지 마라	152

6장. 이제는 저평가 국면도 안녕!

2차 관문: 2,900~3,000선 정착 기대	155
글로벌 밸류에이션 비교로 본 코스피 위치	159
삼성전자보다 높아진 SK하이닉스의 외국인 지분율	161
알파와 베타 사이: SK하이닉스의 재발견	165
품절주로 향하는 은행주?	168
2차전지 탈출, 현실화될까?	172
ROE+배당 확대는 3,000 안착의 열쇠	176
제2의 BUY Korea, 올 수 있을까?	181
2026년 코스피 예상: 기본 3,500, 잘 가면 4,000도 가능	184

7장. 상법 개정, 시장 체질을 바꾼다

지배구조 개혁, 진짜 시작될까? — 188
자사주 소각, 주주환원의 정점인가? 지배구조의 전환점인가? — 193
3% 룰: 가보지 않은 길 — 196
인수합병시, 시가 적용방식은 적절한가? — 199
말 많고 탈 많은 물적분할 — 202
'중복상장, 쪼개기 상장'은 이제 끝? — 205
마찰은 필연, 구조개혁은 길다 — 209

3부
K-증시, 5,000의 조건을 묻다

8장. 선진국 시장을 거울삼아

일본 증시의 재평가와 한국 시장의 유사성 — 219
독일 증시의 성공 포인트에서 배우기 — 223

9장. 조건은 갖췄는가?

MSCI 신흥국의 족쇄를 풀어라 — 227
MSCI 선진국 지수 편입 가능성과 걸림돌 — 233
MSCI 선진국 지수 편입 효과는? — 236
공매도의 재발견 — 239
공매도와 알고리즘 트레이딩: 투명한 시장을 위한 조건 — 243

K-증시의 글로벌 투자 매력도 진단	245
적극적인 주가 재평가는 ROE와 COE의 함수	249
DuPont ROE 분석으로 알아본 주가 재평가를 위한 조건	251

10장. 제도의 재건이 답이다

코리아 디스카운트 탈피를 위한 과제	254
상법 개정, 자사주 소각 등의 실효성	257
코스닥의 제도적 리포지셔닝(Repositioning)	259
공매도 제도의 양면성	261
자율과 규제 사이: 선진국형 자본시장 모델로의 전환	263
한국이 글로벌 대열에 진입하려면?	265

4부

자본의 귀환 … 국장은 살아나는가?

11장. 돌아오는 투자자들

만년 저평가, 이제는 끝?	274
'귀국은 지능 순': 현명한 자의 선택	276
ESG, 자사주 소각 등 기업의 변화	278
'코리아 프리미엄'의 시대를 꿈꾸며	281
양지가 음지되고… 서학개미 돌아올 때다	283
돌아오라, 국장으로!	285

맺는 글: 지금, 왜 한국 증시가 다시 '재평가' 받는가?	287

부록 1 | 개인투자자를 위한 실전 전략

부록 1-1 • 지금이라도 주식시장에 들어가도 늦지 않았을까요? 290
부록 1-2 • AI, 반도체, 2차전지…. 어디에 베팅할 것인가? 292
부록 1-3 • 강세장에서의 실전 타이밍 전략 294
부록 1-4 • 순환매는 예술이다 296
부록 1-5 • 대세 상승장에서는 여자가 남자보다 낫다? 298
부록 1-6 • '좋은 기업, 좋은 주가' vs '좋은 기업, 높은 주가' 299
부록 1-7 • ETF vs 개별주: 조화의 전략 302
부록 1-8 • AI 트레이딩 시대, 개인투자자의 무기화 304

부록 2 | 필자의 최근 주요 동영상 기록

부록 3 | 주요 용어 정리

1부
큰 판이 바뀐다

1장 | Great Rotation의 서막

"돈의 방향이 바뀌고 있습니다."

시장은 늘 돈의 흐름을 따라 움직입니다. 금리, 환율, 정책 등에 따라 글로벌 자금의 방향은 변해왔고 앞으로도 그러할 것입니다. 특히 최근 미국 달러화에 대한 신뢰에 금이 가면서 이러한 흐름의 변화는 예전의 패턴과는 다르게 나타나고 있습니다. 국제 금 가격이 연초 대비 무려 30%나 넘게 오른 것이 이를 대변합니다.

그동안 한국의 개인 자산은 부동산과 예금에 집중돼 있었습니다. '벼락 거지'라는 말이 생길 정도로 부동산이 자산 증식의 중심이었습니다. 하지만 최근 한국 증시가 뜨거워지면서 사람들은 묻기 시작했습니다. "이제 돈은 어디로 가야 하나요?"

2025년 6월 새로운 정부가 출범하면서, 국민에게 제시하는 메시지는 명료합니다. "증시를 살려 모두가 부자 되게 하겠다."…. 어떻게 증시를 살릴 수 있을까요? 많은 사람은 이미 정답을 알고 있었습니다. 다만, 그 실행이 가로막혀 있었을 뿐이었습니다. 이제 수십 년을 가로막고 있던 빗장, 이른바 '코리아 디스카운트'를 걷어낼 시점이 온 것입니다.

2025년 6월 말, 정부는 '주택담보대출 6억 원 제한'이라는 강력한 부동산 규제를 발표하며 자산 시장에 뚜렷한 신호를 보냈습니다. 더 이상 부동산으로의 자금 쏠림은 허용하지 않겠다는 의지이며, 자연스럽게 유휴자금은 증시로 향할 가능성이 커졌습니다. 특히 정권 초기 정책 기조와 맞물려 이번 조치는 단순 규제를 넘어 자산 배분의 방향을 바꾸는 신호탄으로 해석됩니다. 주식투자를 장려하는 정부의 우회적 메시지로 볼 수도 있습니다.

증시가 활성화되며 본궤도에 오른다면 앞으로는 '자산 재배분의 대이동 Great Rotation'도 나타날 것입니다. 미국을 제외하고는 주요국의 금리 인하 기대가 높아지고, 한국 또한 금리 인하 기조를 지속하고 있습니다. 고금리 시대가 저물고, 다시 위험자산, 특히 주식으로의 이동이 현실화 되는 것입니다.

또한 눈여겨봐야 할 건 환율과 외국인 자금의 흐름입니다. 원화 강세가 이어지면 외국인 투자자들은 자연스럽게 한국 시장에 다시 관심을 두게 됩니다. 실제로도 그 조짐은 SK하이닉스를 비롯한 대형주를 중심으로 나타나고 있습니다. 환율이 안정되고 달러가 꺾이면, 자산은 다시 신흥국으로, 그중에서도 만년 '저평가된 나라였던 한국 시장'으로 들어올 것입니다.

✔ 돈의 방향이 바뀌면, 시장의 판이 바뀐다.
✔ 그 흐름을 먼저 읽는 사람이 기회를 잡는다.

24년 꼴찌에서 25년 반등, K-증시의 반전

"2025년의 한국 증시는 2024년과는 전혀 다른 국면으로 접어들 것입니다."

이 메시지는 필자가 2024년 연말부터 일관되게 강조해온 주장입니다. 당시만 해도 국내 증시, 특히 코스닥 지수는 -21.7%로 전 세계 주요 시장 가운데 가장 낮은 수익률을 기록하며, 시장 심리는 바닥에 가까웠습니다. 2024년 12월 3일 비상계엄 선포와 더불어 한국 투자자들

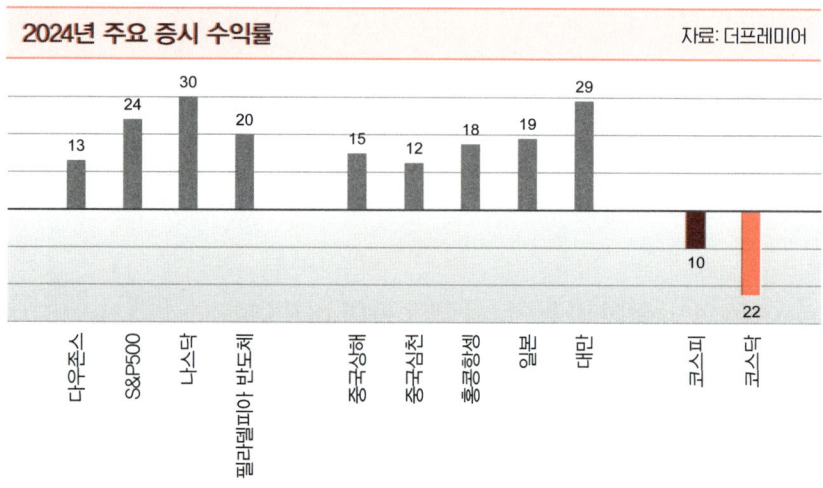

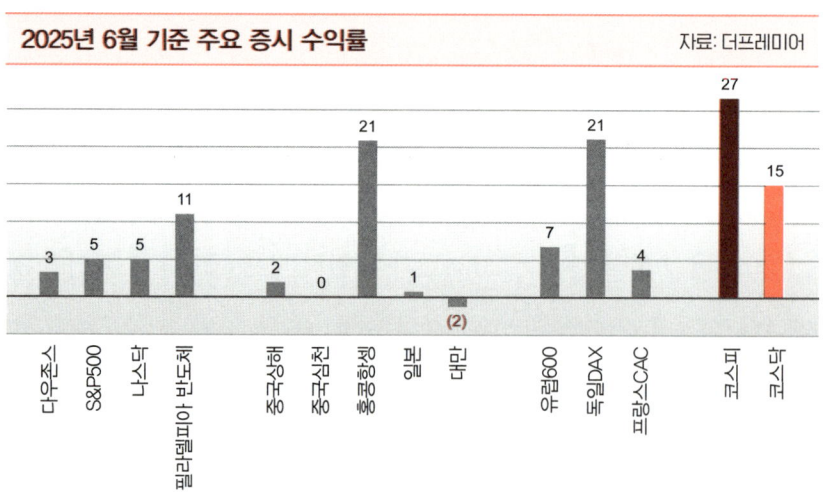

의 실망과 회의는 극에 달해 있었고, 제가 전한 낙관적 전망에 대해서도 상당수는 냉소와 비난으로 반응했습니다.

심지어 필자의 메시지에 달린 댓글 대부분은 날카롭고 거칠었고, 그 가운데 '그래도 한 줄기 희망을 이야기해줘 고맙다'라는 댓글 한 줄이 오히려 제게 큰 위안이 될 정도였습니다. 그만큼 당시의 분위기는 절망적이었고, 변화의 조짐은 쉽게 감지되지 않았습니다.

하지만 지금, 우리는 그 흐름의 반전을 눈앞에서 목도하고 있습니다. 중요한 것은 '왜 반전이 일어났는가'이며, 앞으로 '그 추세가 어디까지 이어질 수 있는가'를 차분히 따져보는 것입니다. 이는 단지 과거 수익률의 회복이 아니라, 한국 자본시장의 근본적 구조 변화가 신호탄을 쏜 것이기 때문입니다.

그 후 불과 1년도 안 된 2025년 6월 현재의 한국 증시는 완전히 뒤집혔다고 해도 과언이 아닙니다. 그간 침체와 저평가라는 꼬리표를 달고 있던 시장이 새로운 전환점을 맞이하며, 기대 이상의 변화를 보여주고 있습니다. 몇 년간 이어졌던 부정적인 흐름과 투자 심리 위축이 서서히 사라지고, 강한 반등과 함께 '만년 저평가'라는 이미지에서 벗어나는 신호들이 뚜렷해졌습니다. 그 결과 한국의 코스피는 전세계 1위의 수익률을 보일 정도로 돋보이는 성적을 내고 있습니다. 최근

6개월 동안 앞서거니 뒤서거니 했던 홍콩의 항셍지수나 독일의 DAX도 따돌리고 있습니다.

이 변화의 배경에는 몇 가지 중요한 요인이 있습니다. 먼저, 코리아 디스카운트로 점철됐던 그간의 한국기업들의 숨겨져 있던 가치Hidden Value가 다시 주목받기 시작했습니다. 정부의 상법 개정추진과 정책지원, 기업들의 자발적 구조조정, 지배구조 혁신 등이 맞물리면서 투자 환경 자체가 크게 달라질 전망이기 때문입니다.

또한, 외국인 투자자의 자금이 2025년 5월을 시작으로 다시 한국시장으로 유입되고 있다는 점도 주목할 만합니다. 그동안 한국 증시는

해외 자금의 이탈로 어려움을 겪어 왔는데, 지난 2개월 동안 외국인은 현·선물 시장에서 무려 8조 원가량을 공격적으로 사들여 온 점은 보기 드문 현상입니다. 또한 국내 기관과 개인투자자들의 심리도 회복되고 있습니다. 여기에 원화 강세와 함께 증시로의 자금 이동이 가속화되는 등 시장 전반에 긍정적인 기류가 감지됩니다.

이처럼 2025년은 한국 증시가 '뒤집히는' 해입니다. 단순한 반등이나 일시적 랠리가 아니라, 밸류에이션, 펀더멘털과 투자 심리가 동시에 개선되는 복합적인 변화가 진행 중입니다. 코리아 디스카운트를 극복하고, 한국 증시가 세계 시장에서 새롭게 자리매김하는 첫걸음이 될 것으로 기대됩니다.

- ✓ 더 이상 '싸서 사는' 시장이 아니라, '그래서 사는' 시장이 시작됐다.
- ✓ 2025년, 한국은 저평가의 끝이자 재평가의 출발점이다.

랠리의 성격: 허니문인가? 따라잡기인가?

"요즘 허니문 랠리가 이어지면서 코스피가 마침내 3,000선에 도달했습니다."

2025년 한국 증시의 상승 랠리를 두고 시장에서는 다양한 해석이 나오고 있습니다. 이를 흔히 '허니문 랠리Honeymoon Rally'라고 부릅니다. 하지만, 필자는 이를 '수익률 따라잡기 랠리Catch-up Rally'라고 부르고 싶습니다. 단기간에 끝날 것 같지 않아서입니다. 이 두 가지 개념은 각각 주가 상승의 원인과 지속 가능성에 대한 중요한 시사점을 담고 있습니다.

2024년말 대비 2025년 6월말 비교

자료: 더프레미어

일자	시가총액	변화치	변화율(%)
2024-12-30	2,248조 원	+606조 원	+27%
2025-06-27	2,854조 원		
	선행 PBR	변화치	변화율(%)
2024-12-30	0.79배	+0.17배	+22%
2025-06-27	0.96배		
	선행 PER	변화치	변화율(%)
2024-12-30	8.2배	+2.2배	+27%
2025-06-27	10.4배		

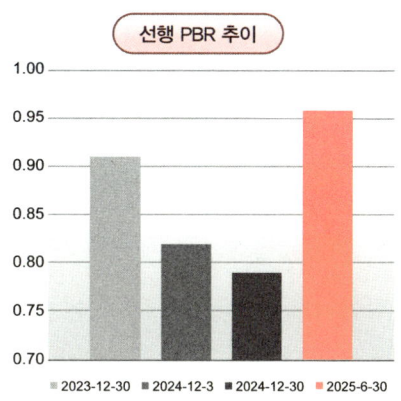

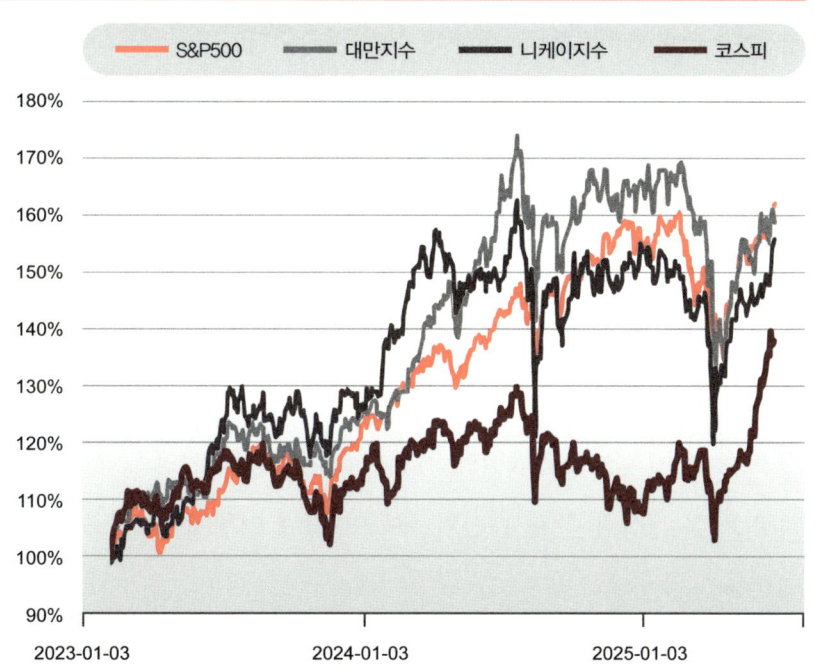

"경제는 심리이고, 경제는 타이밍입니다."

먼저, 허니문 랠리는 정책 변화나 기대감에 힘입어 일시적으로 나타나는 상승세를 의미합니다. 2025년 6월 대선 결과와 맞물려, 이재명 정부의 친시장 정책 추진에 거는 기대는 대단합니다. 이 같은 기대가 시장에 긍정적으로 작용해 투자 심리가 급반전하고 있습니다. 대통령 취임이후 G20 국가 중 지수 상승률이 1위입니다. 이런 랠리는 투자자들의 낙관적인 분위기가 주가를 끌어올리지만, 기초체력인 실적 개선이 뒷받침되지 않으면 지속되기 어렵습니다. 허니문 랠리는 단기적이고 한시적인 현상일 가능성이 크기 때문에, 필자는 최근의 강세 현상을 굳이 허니문 랠리라고 칭하고 싶지 않습니다.

반면, 수익률 따라잡기 랠리는 그동안 저평가된 자산이 본래의 가치를 찾아가는 과정에서 발생하는 상승을 뜻합니다. 한국 증시가 지난 수년간 글로벌 자금 흐름에서 소외되면서 상대적으로 낮은 밸류에이션을 받아왔는데, 이제는 기업실적 개선과 글로벌 산업 재편 속에서 핵심 산업 및 기업들에 대한 재평가가 진행되고 있습니다. 이 경우 상승은 기업 펀더멘털에 기반해 장기적으로 이어질 수 있으며, 시장 체질 개선과 투자자 신뢰 회복이 함께 이뤄질 때 더욱 견고해집니다.

현재 2025년의 한국 증시는 두 가지 랠리의 특징을 모두 보여주고 있습니다. 정부 정책과 시장 기대감이 상승의 불씨를 댕겼지만, 반도체, AI, 조선, 방산 등 핵심 산업에서 실질적인 실적 개선도 동반되고 있습니다. 외국인 자금의 복귀와 국내 기관 투자자의 투자 심리 회복 역시 따라잡기 랠리의 신호로 해석할 수 있습니다.

결국 이 랠리가 '허니문'에 그치느냐, 아니면 '따라잡기'가 돼서 장기 성장의 시작점이 되느냐는 앞으로 기업실적과 구조적 변화가 얼마나 뒷받침하느냐에 달려 있습니다. 투자자들은 단순한 기대감에 의존하기보다, 실적과 펀더멘털, 그리고 정책 변화의 지속성을 자세히 살펴야 할 시점입니다. 이 랠리의 본질과 방향을 이해하는 것이, 2025년 이후 한국 증시에서 성공적인 투자를 위한 핵심 열쇠가 될 것입니다.

- ✓ 지금은 단순한 기대감이 아닌 '실력'이 승부를 가르는 시대다.
- ✓ 허상이냐, 현실이냐? 선택은 이제 투자자의 몫이다.

경제와 증시, 판을 키워야 산다

2025년 한국 증시는 놀라운 반전을 이루고 있습니다. 앞서 제시된 도표에서 보는 바와 같이, 전세계 주요국 증시 중 '꼴찌' 대접을 받던 2024년에서 불과 몇 개월 만에 글로벌 투자자들의 시선이 돌아섰고, 코스피는 시가총액 기준으로 사상 최고치를 경신 중입니다(2025년 6월 현재 약 2,449조 원). 하지만 이 흐름을 반짝 랠리로 만들지 않으려면, '판'을 키우는 구조적 변화가 절실합니다. 이제 단기 부양책과 중장기 제도 개혁이 동시에 작동해야 할 시점입니다.

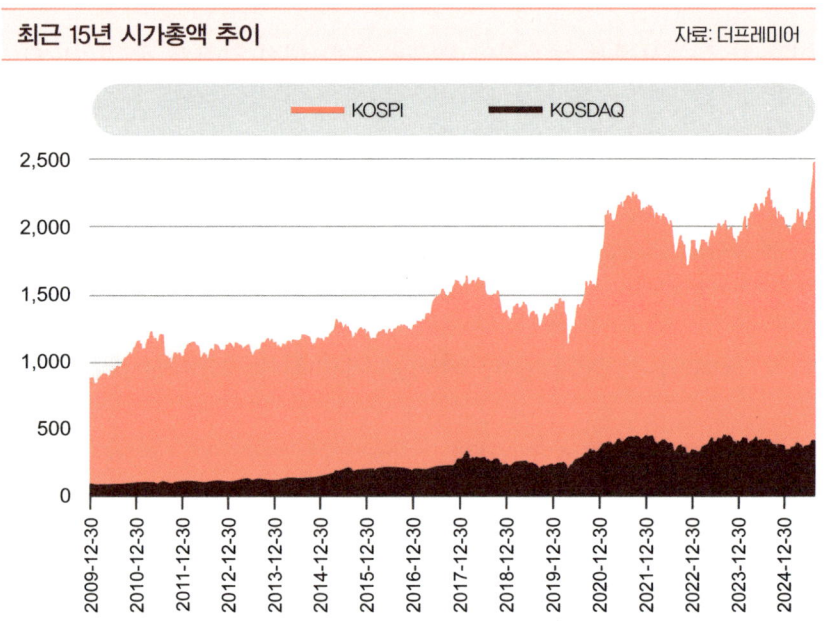

단기적 마중물: 추경 편성과 유동성 투입

경기 하강 압력과 민간 소비 위축이 이어지는 상황에서, 적시적 추경은 단기 경기 회복의 마중물 역할을 할 수 있습니다. 단순히 돈을 푸는 것이 아니라, 내수 진작 효과가 큰 소비 쿠폰·에너지 지원·소상공인 회복 자금 등으로 설계되어야 합니다. 특히 연금계좌 세제 혜택 강화와 같은 직접적인 자본시장 유입 유도 장치는 증시에 실질적인 자금 유입 효과를 낼 수 있습니다. 하지만 이러한 단기 정책은 '모르핀'처럼 즉각적인 효과는 있지만, 그것만으로는 체질 개선이 어렵습니다. 그래서 정책의 깊이와 방향성이 함께 보완돼야 합니다.

중장기 제도 개선

- 구조적 체질 개선의 필요: '판'을 키우기 위해선 자본시장에 대한 신뢰 회복과 기업 경쟁력 강화가 핵심입니다.
  이를 위해 다음과 같은 제도 개선이 필요합니다.
- 상장 기업의 지배구조 개선: 물적분할 시 모회사 소액주주의 권리 보호 장치 강화, 스튜어드십 코드[1] 활성화 등으로 소액주주에게 친화적인 시장 환경 조성이 필요합니다.

---

1) 연기금이나 기관투자자와 같은 자산운용자들이 기업의 장기적 가치 제고와 지속 가능한 성장을 위해 주주의 책임을 충실히 이행하도록 유도하는 원칙을 말함.

- 상법 및 자본시장법 개정: 자사주 소각 인센티브 확대, 배당 확대를 유도할 수 있는 세제 정책 도입 등으로 ROE 기반의 기업경영 문화를 뿌리내리게 해야 한다.
- 퇴직연금 디폴트옵션 도입 전면화: 연금 자금의 장기적·자동적인 증시 유입 구조를 만들어 자본시장의 '안정적 수요 기반'을 형성해야 한다.
- 스타트업 IPO 활성화 및 혁신기업 상장 요건 유연화: 실적 중심의 상장 심사 기준에서 탈피해 미래 성장 기반이 확실한 기업들이 코스닥 등을 통해 시장에 진입할 수 있게 해야 한다.

자본시장을 국가 성장전략의 축으로

궁극적으로 증시는 경제의 파생물이 아닌 경제성장의 플랫폼으로 자리매김해야 합니다. 미국은 IRA(인플레이션 감축법)와 CHIPS 법으로 자본시장과 산업정책을 연결했고, 일본은 NISA 확대와 구조개혁으로 외국인 자금을 불러들였습니다. 한국 역시 자본시장을 '산업의 혈관'으로 재인식하고, 국가 전략 산업에 증시를 통한 자금 조달 경로를 강화해야 합니다.

> ✓ 좋은 기업이 있어야 주가가 오르고, 좋은 시장이 있어야 기업도 성장한다.
> ✓ 이제는 개인투자자, 기업, 정부 모두가 '판을 키우는 투자자'가 되어야 할 때다.

대마불사

"주식투자를 통해 중간 배당도 받고 생활비도 보탤 수 있게, 부동산에 버금가는 대체 투자 수단으로 만들겠습니다."

"이제는 주가지수 5,000 시대를 열자…증권시장이 경제 선순환의 중심축이다."

이재명 정부가 주식시장 부양에 대한 강한 의지를 분명히 하고 있습니다. 이러한 발언들은 단순한 수사 이상의 의미를 지닙니다. '배당 확대', '세제 개편', '코스피 5,000 비전' 등 구체적인 방향성과 구조적 메시지가 담긴 핵심 정책 프레임Frame으로 해석됩니다.

2024년말 대비 2025년 6월말 비교

자료: 더프레미어

일자	시가총액	변화치	변화율(%)
2024-12-30	2,248조 원	+606조 원	+27%
2025-06-27	2,854조 원		
	선행 PBR	변화치	변화율(%)
2024-12-30	0.79배	+0.17배	+22%
2025-06-27	0.96배		
	선행 PER	변화치	변화율(%)
2024-12-30	8.2배	+2.2배	+27%
2025-06-27	10.4배		

2024년말 대비 2025년 6월말 비교

자료: 더프레미어

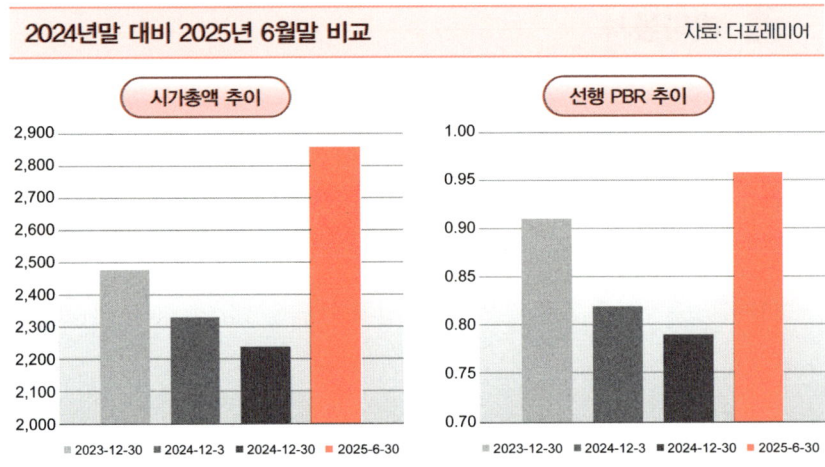

2025년 6월 들어 신정부의 일관된 정책 신호와 더불어, 기관 자금의 적극적인 유입과 외국인의 매수세는 이 같은 정책 기조에 신뢰를 더 하고 있습니다. 특히 정부가 "주가에 신경 쓰겠다"고 공개적으로 선언한 이후, 시장의 반응은 한층 더 민감하고 긍정적입니다.

앞에서 보이는 바와 같이 2024년 말 대비 2025년 6월말 현재 시가총액은 606조 원이나 늘어났고, 이는 한국의 명목 GDP의 무려 25%에 해당합니다. 선행 PBR도 22%나 상승한 0.96배에 달하며, 지난 15년간의 평균 수준에 복귀했습니다.

이제는 TV만 켜도 '코스피 3,000선 회복'을 말하고, '지수 5,000' 이야기가 더 이상 낯설지 않습니다. 시장 전반에 "이제는 주가가 위로 간다"라는 공감대가 형성되고 있으며, 이는 단순한 기대를 넘어 하나의 새로운 투자 흐름으로 자리잡고 있습니다.

시장에서는 점점 '대마불사大馬不死'라는 말이 회자되고 있습니다. 덩치 큰 종목은 망하지 않는다는 의미지만, 요즘은 '더 확장된 뉘앙스'로 쓰입니다. 정책 수혜 가능성이 큰 대형주, 지수에 영향을 주는 종목들, 그리고 정부가 외면하지 못할 산업군 전체가 일종의 보호막을 두른 것처럼 보입니다. 특히 반도체, AI, 조선, 방산 등 전략 산업은 '떨어지면 매수'의 논리로 되살아납니다.

이는 단순히 심리의 문제가 아닙니다. 정책은 수급을 움직이고, 수급은 밸류에이션을 바꿉니다. 지금 시장은 명백히 '정책 기대감 랠리 policy-driven rally의 성격'입니다. 과거에는 정책 기대감이 실망으로 끝나는 경우도 많았지만, 현재는 정부가 주식시장 부양에 있어 '말뿐이 아님'을 보여주고 있습니다. 이재명 정부 '초기'에 드라이브를 걸고 있어서 더 기대되는 것입니다.

물론 대마도 쓰러질 수 있습니다. 하지만 지금의 환경에서는 그 가능성이 작아 보입니다. 시장은 정부의 방향에 기대 올라타는 전략을 택하고 있습니다. 그리고 이 흐름이 이어지는 한, K-증시는 계속해서 세계 시장의 중심에 있을 것입니다.

결국 핵심은 '대마는 죽지 않는다'가 아니라, '정부가 대마인 한국 증시, 더 나아가서는 한국경제를 죽게 놔두지 않는다'라는 믿음입니다. 지금 시장은 그 믿음을 가격에 반영하고 있습니다. 그리고 이 믿음이 지속되는 한, 대마불사는 단순한 낙관적 신화가 아니라, 하나의 전략이 될 수 있습니다.

아직도 개미투자자들의 일부는 여전히 시장의 하락을 기대하며 '인버스 ETF'에 베팅하고 있다고 합니다. 최근과 같은 강세장이 지속될 경우, 이러한 인버스 투자자들은 장기로 보유 시 구조적으로 손실이 늘어날 수밖에 없습니다. 또한 뒤처지고 있다는 FOMO[2] 심리에서도 자유롭지 못할 공산이 큽니다. 특히 요즘 같아서는 그들이 기다리는 하락장으로의 전환은 쉽지 않아 보입니다. 하락 반전의 촉매가 될 수 있는 금리급등이나 지정학적 위기 발생 등의 요인이 없다면 인버스 투자자들은 전략수정을 해야 할 것입니다.

> ✓ 시장은 정부와 싸우지 않는다. 지금은, 정부 편에 서는 게 전략이다.
> ✓ 대마는 스스로 버티는 게 아니다. 누군가 끝까지 살리고 싶어 하는 존재다.

---

[2] Fear Of Missing Out의 줄임말로, 소외될까 봐 두려움, 기회를 놓칠까 두려움, 또는 뒤처질까 봐 불안함 등으로 번역됨.

주가 재평가(Rerating)와 멀티플(Multiple) 확장에 주목하라

"한국은 이제 재평가[3]의 초입에 들어섰다."

이는 단지 구호가 아닙니다. 오랜 시간 시장과 끊임없이 소통해온 필자가 일관되게 던져온, '간결하지만 강력한 메시지'입니다. 필자는 애초부터 K-증시의 재평가가 가능하다고 믿었고, 오랫동안 지속된 저평가의 늪에서 벗어날 실질적 변화의 조건들이 차곡차곡 충족되고 있음을 강조해 왔습니다.

'코리아 디스카운트'… 그 오랜 그림자의 시대는 이제 서서히 막을 내리고 있습니다. 그리고 지금, 우리는 바로 그 변화가 실제로 한국 증시 한복판에서 전개되고 있는 순간을 목도하고 있습니다.

2025년 한국 증시가 주목받는 또 다른 이유는 바로 '주가 재평가 Rerating와 멀티플 확장' 가능성입니다. 주가 재평가는 단순한 주가 상승을 넘어, 투자자들이 기업의 가치를 다시 바라보고 이전보다 높은

---

[3] 단순히 단기 실적 개선이 아닌, 기업의 구조적 변화나 시장 환경의 변화에 따라 평가 기준(PER, PBR 등) 자체가 상향 조정되는 현상을 의미함. 과거 저평가 상태로 방치됐던 종목들이 새로운 성장 논리, 지배구조 개편, 수익성 개선, 글로벌 사업 확대 등을 통해 재조명받으며 시장에서 높은 밸류에이션을 부여받는 흐름임.

핵심어	설명
Value-up 프로그램	정부 주도 기업가치 제고 정책 (자사주 소각, 배당 확대 등)
코리아 디스카운트	한국 시장 저평가의 원인 (지배구조, 정책 위험 등)
저PBR	낮은 장부가 대비 주가 비율, 재평가 여지 강조
ROE 개선	자기자본이익률 상승을 통한 재평가 논리
MSCI 선진국 편입	글로벌 자금 유입 기대의 핵심 요인
외국인 순매수	최근 반도체 중심으로 외국인 매수세 강화
지배구조 개편	대주주 지배력 축소, 투명성 강화 시도
배당 확대 정책	주주 친화 전략을 통한 매력 제고
자사주 소각	주주가치 제고의 상징적 수단
주가 재평가(Rerating)	밸류에이션 재조정, 주가 수준 상향

K-증시 재평가와 관련된 핵심어 / 자료: 더프레미어

평가를 부여하는 현상을 말합니다. 멀티플 확장은 이 과정에서 주가수익비율PER이나 주가순자산비율PBR 같은 밸류에이션 지표가 상승하는 것을 의미합니다.

한국 증시는 그동안 세계 시장 대비 낮은 멀티플에 머물러 있었습니다. 이는 '코리아 디스카운트'로 불리며, 정치적 불확실성, 기업 지배구조 문제, 지정학적 위험 등이 복합적으로 작용한 결과입니다. 하지만 2025년 들어 기업실적이 회복되고, 구조개혁과 정책적 변화의 기대감이 생기면서 이런 디스카운트가 서서히 해소되는 모습으로 나타나고 있습니다.

특히 반도체, AI 등 미래 성장 산업을 중심으로 실적 개선이 두드러지고 있으며, 외국인 투자자의 관심도 다시 집중되고 있습니다. 이에 따라 투자자들은 더 이상 과거의 위험 요인에만 주목하지 않고, 기업의 성장 가능성과 수익성을 높게 평가하기 시작했습니다.

이 과정에서 PER과 PBR 등 주요 멀티플이 점진적으로 상승할 가능성이 크다는 점에 주목해야 합니다. 멀티플 확장은 단기적인 주가 상승보다 훨씬 강력한 시장 재평가 신호이며, 이는 장기 투자자들이 한국 시장에 대한 신뢰를 회복하고 있음을 의미합니다. 실제로 글로벌 투자자들이 선진국 지수 편입 가능성에 주목하면서 한국 주식의 밸류에이션 상승 기대감이 커지고 있습니다.

결과적으로 주가 재평가와 멀티플 확장은 2025년 한국 증시 랠리의 근본적인 힘이 될 것입니다. 투자자들은 단순한 경기 회복 신호뿐 아니라, 기업 펀더멘털 개선과 구조적 변화가 함께 이루어지는지를 꼼꼼히 점검하면서 장기적인 투자전략을 세우는 것이 중요합니다. 이는 장차 Great Rotation 시대에 한국 증시가 더 이상 저평가 시장이 아닌, 가치와 성장 모두를 인정받는 투자처로 거듭날 수 있다는 신호입니다.

- ✓ 멀티플의 확장은 곧 시장의 시선이 바뀌었다는 증거다.
- ✓ 2025년은 '가격'이 아닌 '가치'가 이끄는 랠리의 원년이다.

국장의 시가총액은 이미 사상 최고치 경신 중!

"낮은 PBR과 개선되는 ROE, 한국 증시는 재평가 조건을 갖추고 있습니다."

이는 필자가 방송과 유튜브 등 다양한 채널을 통해 거듭 전해온 핵심 메시지입니다. 2024년 하반기부터 2025년 상반기까지, 외국인 매도 공세가 거세지며 코스피가 크게 흔들렸던 시기에도, 필자는 단호하게 말했습니다.

"한국 증시는 반드시 반등에 성공할 것입니다. 더는 물러설 자리가 없습니다."

이와 같은 확신은 단순한 기대에서 나온 것이 아니었습니다. 철저한 펀더멘털 분석과, 개별 기업들의 ROE 개선 등 실질적 지표에 기반한 판단이었기에 가능한 메시지였습니다. 당시 시장은 공포와 냉소로 가득했지만, 바로 그 시점에서 필자는 오히려 기회가 움트고 있다는 점에 주목했던 것입니다.

그 자신감의 근거는 분명했습니다. 국내 주요 기업들의 ROE(자기자본이익률)는 꾸준히 개선되고 있었음에도 불구하고, 시장은 이를 제대로 반영하지 못했고, 오히려 밸류에이션이 극단적으로 낮아지기까지 했기 때문입니다.

하지만 그랬던 시장이 지금, 극적인 변화를 보여주고 있습니다.

2023년, 글로벌 주요국 증시들 사이에서 하위권을 맴돌던 한국 증시는 2025년 들어 코스피 시가총액이 사상 최고치를 경신하며 완전히 다른 국면에 들어섰습니다. 이는 단순한 기술적 반등이나 일시적 랠리가 아니라, 시장 체질이 바뀌고 있다는 구조적 시그널로 해석해야 합니다.

한국거래소KRX에 따르면, 2025년 6월 현재 코스피·코스닥을 포함한 국내 주식시장 시가총액은 역사상 최고치를 기록했습니다. 이 배경에는 다음과 같은 다층적 요인이 존재합니다.

- 정부의 친親증시 정책 기조 강화
- 글로벌 유동성 흐름의 변화 및 외국인 투자자 재진입
- 반도체 사이클 회복 및 국내 기업들의 실적 구조 개선
- 연기금과 기관의 저가 매수 확대
- 개인투자자들의 자산 다변화와 '장기자금' 유입 가시화

특히 주목할 것은, 과거 부동산 중심의 자산 운용에서 벗어나 주식으로의 본격적인 전환 흐름이 시작되고 있다는 점입니다. 이는 한국 증시의 밸류에이션 패러다임을 뒤바꾸는 중대한 전환일 수 있습니다.

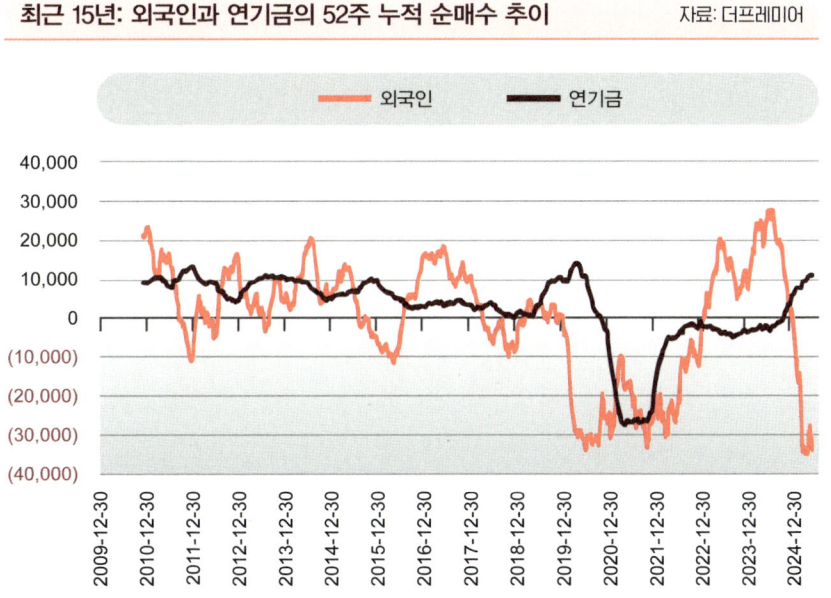

또한, 특정 대형주 중심의 시가총액 상승이 아닌, 반도체, AI, 조선, 방산, 원전, 건설, 증권, 은행 등 다양한 섹터의 동반 상승이 이번 랠리의 특징입니다. 이는 단순한 허니문 랠리가 아니라 '멀티플 확장'이라는 구조적 변화가 동반된 움직임으로 봐야 합니다.

요컨대, 지금의 시가총액 사상 최고치 경신은 과거 어느 때보다 의미가 큽니다. 과거에는 지수는 상승해도 시가총액은 제한적이었고, 외국인의 단기 유입에 그쳤던 반면, 현재는 내외부의 자금 흐름과 산업구조 변화가 동반된 '진짜 회복'의 가능성을 말해주고 있습니다. Great Rotation이 실제로 시작된 것인지에 관한 판단은 앞으로 몇 달간의 흐름에 달려 있지만, 적어도 지금까지의 증시는 그 문 앞에 서 있음을 분명히 보여주고 있습니다.

- ✓ 망설이는 순간, 이미 열차는 떠난다.
- ✓ 훗날, 2025년을 '변곡점'이라 부르게 될 것이다.

외국인 자금 복귀가 보내는 신호

"삼성전자는 외국인의 매도로 빈집이 되고 있습니다. 곧 빈집털이가 시작될 것입니다."

이는 2024년 하반기, 외국인 자금이 한국 증시에서 이탈하고 특히 삼성전자를 집중 매도하던 시점에 필자가 반복해서 강조했던 경고이자 예고였습니다. 당시 삼성전자의 주가는 5만 원 선까지 밀렸고, 대외 불확실성과 개별 악재들이 겹치며 시장은 극도로 위축된 상황이었

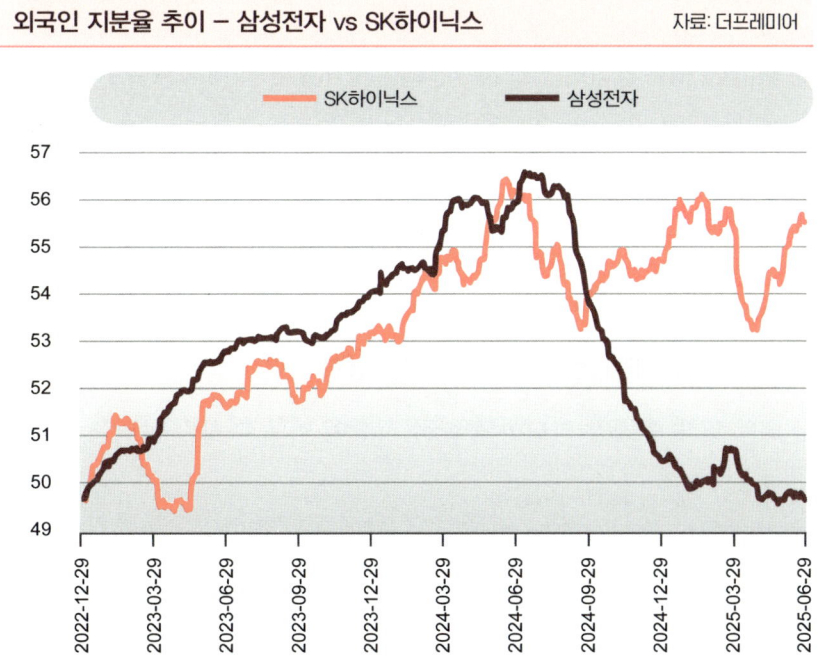

습니다. 그러나 필자는 확신을 담아 예측했습니다.

"외국인 지분율은 50% 부근에서 바닥을 찍고 멈출 것이며, 삼성전자는 이 구간에서 반등을 시도할 것입니다."

유사한 흐름은 SK하이닉스에도 있었습니다. 모 외국계 증권사는 HBM(고대역폭 메모리) 시장 둔화를 근거로 지속적으로 부정적인 리포트를 내며 매도를 권했지만, 필자는 단언했습니다.

"HBM 시장에는 겨울이 오지 않을 것입니다. 매도 의견과 목표가는 틀렸습니다."

결과는 명확합니다. HBM 시장은 지속적인 성장세를 유지하고 있으며, 외국인은 오히려 적극적으로 SK하이닉스를 사들였고, 주가는 사상 최고가를 경신했습니다.

2025년 들어 가장 눈에 띄는 변화는 바로 외국인 자금의 본격적인 복귀입니다. 지정학적 불안, 글로벌 경기 둔화, '코리아 디스카운트' 등으로 인해 한동안 외면받던 한국 시장이 이제 다시 주목받는 무대로 돌아오고 있는 것입니다.

외국인 매수세의 복귀는 다음과 같은 의미를 갖습니다.

- 대표 종목에 대한 구조적 매수
- 글로벌 반도체·AI 투자 흐름과의 전략적 연결
- 기관의 매수세와 결합된 시장 체질 개선

지금 이 흐름은 일시적 반등이 아니라, 한국 증시 전반에 신뢰의 복원과 구조적 재편이 진행되고 있음을 보여줍니다. 과거 '빈집'이라 불리던 종목들이, 이제는 '기회의 집'으로 바뀌고 있는 것입니다.

외국인 투자자들이 다시 한국 시장에 눈을 돌리는 배경에는 몇 가지 중요한 변화가 있습니다. 우선, 반도체, AI 등 미래 성장산업을 중심으로 한 한국기업들의 경쟁력 강화가 글로벌 공급망 재편과 맞물려 투자 매력도를 높이고 있습니다. 또한, 정부 차원의 기업 지배구조 개선과 주주 친화적 정책 강화는 외국인 투자자들의 신뢰 회복에 크게 기여하고 있습니다. 또한, 신정부 초기의 개혁 드라이브와 정권 내내 지속 가능성에 시장은 큰 점수를 주고 있습니다.

더불어, 글로벌 자산 배분 전략의 변화도 외국인 자금 유입을 촉진하는 중요한 요인입니다. 미·중 긴장 속에서도 위험자산에 대한 선호가 점차 회복되면서, 상대적으로 저평가된 한국 증시에 대한 투자 심리가 개선되고 있습니다.

이처럼 외국인 자금의 복귀는 단순한 일시적 현상이 아니라, 한국 증시의 구조적 변화와 맞물려 장기적 성장의 밑거름이 될 전망입니다. 다만, 세계 경제의 불확실성은 여전히 존재하므로 외국인 자금의 유입이 꾸준히 이어지기 위해서는 기업의 지속적인 실적 개선과 정책적 신뢰 회복이 필수적입니다.

결론적으로, 2025년 외국인 투자자들의 귀환은 한국 증시의 'Great Rotation'에서 핵심축을 담당하며, 시장의 재평가와 멀티플 확장, 그리고 안정적인 자금 조달에 결정적인 역할을 할 것입니다.

- ✔ 외국인의 귀환은 단순한 회복이 아닌, 시장의 판을 다시 짜는 신호탄이다.
- ✔ 자본은 신뢰를 따라 움직인다. 지금, 한국이 다시 선택받고 있다.

📈 돌아온 연기금…. 훌륭했던 방파제 역할

"연기금의 수급은 더 이상 버팀목이 아니라 불안 요인이 되고 있다."
"국내 주식 비중 축소 전략이 오히려 주가 하락 압력을 키웠다."

2024년 상반기까지만 해도 연기금은 시장에서 기계적 매도자, 또는 수급 불안의 상징처럼 여겨졌습니다. 주가 하락 국면에서 연기금이 유동성을 악화시키는 행위자로 비난받기도 했습니다. 그러나 이러한 평가는 2024년 하반기부터 뚜렷이 달라지기 시작했습니다.

특히 국민연금의 귀환은 시장에 의미 있는 시그널을 던졌습니다. 외국인 자금 유입이 본격화되기 전, 연기금은 국내 주식을 저가 구간에서 선제적으로 매입하며, 시장에 심리적 안정감과 기술적 반등의 기반을 동시에 제공했습니다.

2025년 6월 현재, 코스피가 3,000선을 넘나드는 상황에서도 연기금은 여전히 순매수 기조를 유지하고 있으며, 이는 증시 하단을 견고히 떠받치는 '내부 안전판' 역할을 하고 있습니다.

연기금의 순매수 전환이 가지는 구조적 의미
- 국내 자산에 대한 전략적 재배분의 신호탄

- 기관 투자자의 신뢰 회복과 수급 안정성의 회복
- 외국인 자금 유입과 맞물려 시장 체력 강화

한때 비난의 대상이던 연기금이 이제는 시장 신뢰를 회복하며, 다시금 '증시의 버팀목'이라는 본래의 역할을 되찾아가는 중입니다. 이것이야말로 한국 증시가 구조적 전환점을 지나고 있다는 중요한 징후 중 하나입니다.

하지만 연기금의 기여는 단순한 수급 안정에 그치지 않았습니다. 2024년 말~2025년 초, 달러·원 환율이 1,500원을 위협하던 시기, 연기금은 해외 자산의 환 헤지 전략을 정교하게 구사하며 원화 방어

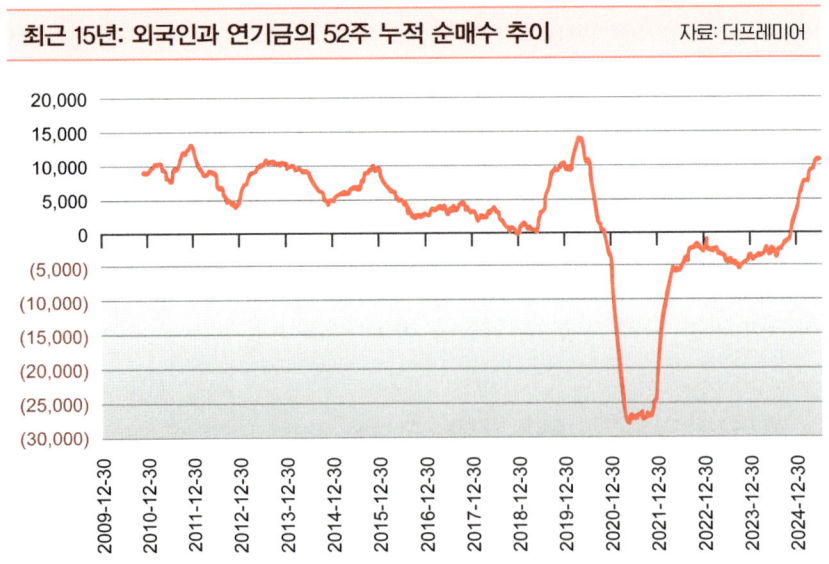

의 숨은 주역이 되었습니다. 외화자산 투자 비중이 상당히 높아진 상황에서, 이들은 전략적으로 달러 매도 헤지 포지션을 취해 외환시장에 유동성을 공급했고, 이는 원화 급등을 막는 완충재 역할을 톡톡히 해냈습니다. 환율 급등기에 연기금이 보여준 헤지 능력은 단순한 수익 방어를 넘어, 금융시장 전반의 신뢰 회복에도 이바지했습니다. 결과적으로 환 리스크 관리가 국내 주식 매수 여력 강화로 연결되는 구조가 형성된 셈입니다.

한편 연기금의 매매 패턴도 과거보다 정교해졌다. 일률적인 리밸런싱Rebalancing[4] 기준에서 벗어나 시장 상황에 유연하게 대응하며, '기계적 매도'의 오명을 지우기 시작했습니다. 국민연금의 국내 주식 비중 상단 조정 역시 전략적 여유를 확보해주었고, 그 결과 연기금은 외국인의 빈틈을 메우고, 개인투자자의 심리를 완충하는 역할을 동시에 수행하고 있습니다.

연기금의 복귀는 단기 수급 안정뿐 아니라 환율과 금리라는 거시변수에도 긍정적 영향을 주며, Great Rotation 속 한국 자산의 경쟁력을 방증하는 신호탄이 되었다고 평가할 수 있습니다.

---

[4] 운용 자산의 비중을 재조정하는 작업. 시간이 지남에 따라 시장 가격이 변동하면서 처음 설정한 자산 비율에서 벗어나기 때문에, 이를 다시 원래 또는 새 기준에 맞게 조정하는 것.

- ✓ 연기금은 더 이상 '기계적 매도자'가 아니라, 시장을 지키는 전략적 플레이어다.
- ✓ 그들이 돌아온 순간, 한국 증시의 바닥도 함께 올라오기 시작했다.

삼성그룹, 부동산 팔고 주식 산다

"삼성전자, 주주가치 제고를 위해 10조 원 자사주 매입"

최근 삼성그룹이 강남권 빌딩 등 고정 자산을 매각했지만, 삼성전자 자사주 매입 및 계열사 증자 참여 등에 나서는 움직임에 시장이 주목하고 있습니다. 재계 1위 그룹의 이런 움직임은 단순한 자산 재편이 아닌, 더 구조적인 변화의 신호로 해석할 수 있습니다.

삼성은 전통적으로 보수적인 현금 운용과 실물 자산 보유를 통해 안정성을 추구해왔습니다. 그러나 최근 몇 년간 기업지배구조의 추세가 빠르게 바뀌고, 자본시장 중심의 경영이 강조되면서, 삼성도 점차 '부동산보단 자본시장'으로 자산 무게중심을 옮기는 모습입니다.

실제로 2023~2024년 사이, 삼성생명과 삼성물산은 보유 부동산 일부를 정리했고, 이와 동시에 삼성전자는 여러 번 대규모 자사주 매입과 소각을 단행했습니다. 2025년 현재도 진행형으로 총 10조 원의 삼성전자 자사주 매입 프로그램을 가동하고 있습니다. 이러한 움직임은 단순한 주가 부양 이상의 전략적 메시지를 담고 있습니다.

첫째, 잉여 유동자산을 저효율 자산(부동산)에서 고효율 자산(주식시장)으로 전환하며 자산 운용의 수익률을 높이고자 한다는 신호입니다.

둘째, 지배구조 정비와 기업가치 제고에 대한 의지가 반영된 것입니다. 자사주 소각은 지분가치를 높이는 동시에 안정적인 경영권 확보를 가능케 하고, 향후 지배구조 재편에도 유연성을 제공합니다.

셋째, 외국인 및 기관 투자자에게 시장 친화적인 신호를 보내는 행동주의적 경영 전환의 시발점일 수 있습니다.

특히 2024년 이후 반도체 업황 회복과 AI 투자 확대 등으로 삼성전자에 대한 밸류에이션 매력이 다시 부각되는 시점에서의 이러한 결정은, 내부적으로도 '지금이 저평가 구간'이라는 인식이 작동하고 있음을 암시합니다. 2025년 예상 실적을 기준으로 PBR은 장부가치에도 미치지 않는 0.9배에 불과합니다.

또한 글로벌 투자자들이 '한국 자본시장 선진화'에 주목하는 가운데, 삼성의 이 같은 변화는 시장 전체의 신뢰 회복과 주가 재평가Rerating에 긍정적 영향을 줄 수 있습니다.

✓ 삼성은 시장에서 말한다.
✓ 삼성의 변화는 돈이 어디로 흐르는지를 정확히 보여준다.

다시 조이는 주담대…. 강남 막히고 증시 길 열린다

"초강수 집값 대책…수도권 주담대 6억까지"

2025년 6월 27일, 금융당국은 서울 강남 3구(강남·서초·송파)를 포함한 수도권 주요 지역에 대해 초강력 주택담보대출 규제책을 발표했습니다. 주택시장 과열 우려가 다시 고개를 들자 '핀셋' 대응이 필요하다는 판단에 따른 것입니다. 이같은 초강수 부동산 대책을 발표하자, 주요 언론사들이 헤드라인으로 앞다투어 큰 뉴스로 다루었습니다. 그동안 부동산 불패신화에 기반해 줄곧 상승만 해왔던 부동산 시장에 큰 악재가 터진 셈입니다. 이제 강남 길은 막히는가? 그렇다면 시장의 유동성은 어디로 갈 것인가?

이번 조치의 골자는 수도권 및 규제지역에서 주택을 구입할 때 주담대 한도를 최대 6억 원으로 제한하고, 다주택자에 대해서는 주담대 자체를 전면 금지하는 것입니다. 1주택자의 경우에도 기존 주택을 팔지 않고 추가로 집을 살 경우엔 대출을 받을 수 없으며, 처분 조건부 대출 시 기존의 2년 유예를 6개월로 단축했습니다. 더욱이 대출을 받아 수도권 주택을 구입할 경우 6개월 내 전입 의무가 부과되며, 이를 어길 경우 대출 회수와 기한이익 상실이 가능합니다.

소위 '갭투자'를 겨냥한 조치도 눈에 띕니다. '소유권 이전을 전제로 한 전세대출'은 아예 금지되었고, 생애 최초 구입자에 대한 LTV(담보인정비율) 역시 기존 80%에서 70%로 축소되었습니다. 생활자금 목적 주담대는 수도권 및 규제지역에서 최대 1억 원, 대출 만기는 30년 이내로 제한되며, 신용대출은 차주의 연소득 이내에서만 허용됐습니다.

이번 정책은 시장 전반에 단기적인 충격을 줄 수 있습니다. 특히 고가 주택을 매입하려는 실수요자들에게도 자금 조달의 문턱이 높아졌기 때문입니다. 실제로 현재 서울 시내 상당수 아파트는 매매가가 12억 원 이상에 형성돼 있어, 6억 원의 대출 한도는 자금 여력이 충분한 자산가에게만 실질적인 '문'을 열어주게 됩니다.

하지만 정책의 궁극적인 방향성은 단기적 시장 안정화에만 있는 것이 아닙니다. 바로 자산 시장의 구조 전환입니다. 당국은 이번 대출 규제를 통해, 장기적으로 유동성이 부동산에서 자본시장으로 이동하는 'Great Rotation(그레이트 로테이션)[5]'을 유도하려는 시도를 본격화하는 것으로 해석됩니다.

부동산은 여전히 한국 국민의 대표적 자산축적 수단입니다. 부동산이 차지하는 비중은 2024년말 기준으로 가계 총자산의 약 70%로 금융자산 비중(약 30%) 대비 압도적입니다. 참고로 미국 가계에서 금융자산이 차지하는 비중은 55~60%, 부동산의 비중은 30~35% 선으로 우리나라와의 대조적인 구성을 보이고 있습니다.

자산 양극화가 고착화되고, 유동성이 비생산적 분야에 묶이면서

---

[5] 금리나 자산 선호의 변화에 따라, 기존에 부동산이나 채권에 몰렸던 자금 등이 주식시장과 같은 위험자산으로 이동하는 현상.

기업 투자와 혁신 자본이 부족해지는 '이중 손실'이 반복되어 왔습니다. 이번 주담대 규제는 단기적으로는 집값을 조이고, 중장기적으로는 자금 흐름을 생산적 부문으로 돌리려는 시도로 해석할 수 있습니다.

결국 이번 조치는 '강남 집값을 잡기 위한 규제' 그 이상입니다. 이는 정부가 의도적으로 부동산 중심의 자산 쏠림 구조를 분산시키고, 한국 경제의 자본시장 중심 전환을 유도하려는 금융 정책의 분기점으로 볼 수 있습니다.

- ✔ 강남을 막은 건 시장경제 판의 흐름을 바꾸기 위해서다.
- ✔ 부동산에 묶였던 유동성, 이제는 증시를 향해 회전할 시간이다.

⬆️5 Great Rotation 시작된다 … 길게 보자

"Great Rotation의 핵심은 방향과 타이밍이다…지금이 그 초입이다."

2025년 5월 출연했던 유튜브 '증시각도기'와의 대담에서, 필자는 Great Rotation의 가능성에 대해 언급했습니다. 그 순간 증권사의 지점장이기도 한 진행자의 얼굴에는 환한 미소가 돌았습니다. 지금까지도 보지 못했던 Great Rotation에 대한 희망 섞인 소리에 증기각도기가 공감을 표한 것이었고, '그런 현상이 일어나서 한국 가계의 자산구조가 부동산 일변도에서 바뀌기 시작한다면 이것은 증시에 대단한 사건일 것이다'라는 동조를 이끌어 냈습니다.

수십 년간 한국의 자산 시장은 '부동산 불패' 신화에 기대어 왔습니다. 실제로 40~50대 중산층 이상에게 있어 부동산은 가장 확실한 투자처였고, 자산 포트폴리오의 중심이었습니다. 2024년을 기준으로 한국 가계의 자산 구성 중 부동산은 약 70%라는 절대적인 비중을 차지하고 있지만, 금융자산은 약 30%, 그중 주식의 비중은 약 8~10% 내외에 불과했습니다. 하지만 앞으로 그 공식은 흔들리기 시작할 것으로 봅니다.

이제 투자자들은 묻기 시작합니다. "다음은 어디인가?" 그 답 중 하나가 바로 저평가된 한국 증시입니다.

실제로 과거에도 비슷한 현상은 있었습니다. 부동산 규제와 시장 침체가 맞물릴 때, 여유 자금은 자연스럽게 증시로 향했습니다. 2000년대 중반, 2010년대 초반에도 자산 재배분이 일어났고, 그 흐름은 수익률로 이어졌습니다. 최근 부동산 자금이 빠르게 이동하고 있다는 수치는 아직 없지만, 상대적 매력의 변화는 분명히 나타나고 있습니다. 부동산에서의 기회비용이 커질수록, 증시는 재평가됩니다.

> ✓ 큰 자금의 방향이 바뀌는 순간, 시장은 전혀 다른 얼굴을 하게 된다.
> ✓ 자산의 판이 흔들릴 때, 기회는 조용히 증시로 흘러든다.

2장 | 환율과 글로벌 자산 흐름의 최근 변화

미 달러화 약세 전환, 금과 비트코인의 약진

"달러에서 탈출한 유동성이 금과 크립토로 이동 중"

"달러의 패권은 흔들리지 않지만, 단기 약세는 구조적 전환의 서막일 수 있다."

미국 달러화가 흔들릴 때, 글로벌 유동성은 새로운 안전자산과 대체 자산을 찾아 움직입니다. 그 대표적인 수혜처가 바로 금Gold과 크립토Crypto입니다. 특히 금 가격이 트로이온스당 3,000달러를 돌파하며 사상 최고치를 기록하던 시점, 방송 출연 중 가장 많이 받은 질문은 단연 "금 가격, 어디까지 오를까요?"였습니다.

게다가 국내 금 시장에서는 '김치 프리미엄' 현상까지 더해졌고, 한국인의 금 사랑은 쇼츠Shorts 영상마다 수십만 조회 수를 기록하며 그 열기를 보여줬습니다. 실물 자산에 대한 국민적 관심이 급증하고 있었던 셈입니다.

글로벌 금융시장에서 '달러'는 단순한 통화를 넘어 국제 자금의 기준점이자 심리적 지주입니다. 한국 증시 역시 달러의 강약에 민감하게 반응합니다. 환율, 수출 경쟁력, 기업 실적, 외국인 투자자들의 자금 유입 여부 등 모든 것이 달러 흐름과 직결되어 있기 때문입니다.

그런 달러가 흔들리기 시작했습니다. 이는 단기적인 통화 흐름의 변화에 그치지 않고, 글로벌 유동성의 분산과 리밸런싱, 나아가 자산 시장의 패러다임 이동을 시사할 수 있습니다.

최근 들어 미 달러화는 약세를 지속하고 있습니다. 트럼프 1기에 이어 2기에서도 약달러를 통한 미국 제조업 경쟁력 제고를 꾀하고 있기도 하고, 날로 늘어나는 미국 재정적자에 대한 시장의 우려로 기축통화로서의 미국 달러화에 대한 신뢰도가 약해지고 있기 때문입니다. 또한, 미국 연방준비제도Fed의 금리 인상 사이클이 막바지에 접어들면서 시장에서는 금리 인하 기대감도 존재하기 때문입니다. 달러가 약해지면, 투자자들은 위험자산, 즉 미국 밖의 주식이나 금, 그리고 암호화폐 같은 대체 투자처로 눈을 돌리게 됩니다.

실제로 금과 비트코인은 최근 강세를 보이며 자산 다변화의 대표 주자로 부상하고 있습니다. 금은 전통적인 안전자산으로, 인플레이션 헤지 역할을 하고 있으며, 비트코인은 '디지털 금Digital Gold'이라 불리며 젊은 세대 투자자들의 관심을 끌고 있습니다. 이 두 자산군의 강세는 글로벌 투자 심리가 '위험선호Risk-on' 분위기로 전환되고 있음을 시사합니다.

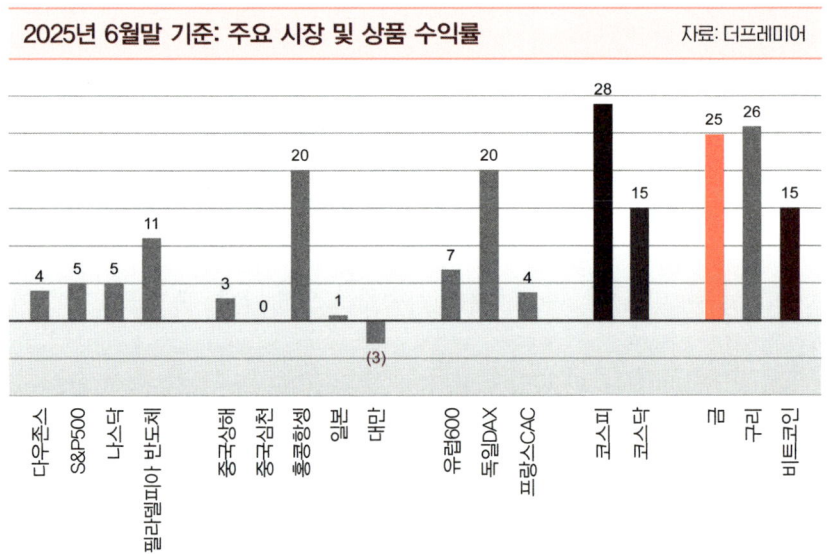

한국 투자자 측면에서 보면, 달러 약세는 원화 강세 압력으로 작용하며, 이는 외국인 투자자의 한국 증시 유입에 긍정적인 환경을 만듭니다. 실제로, 2025년 5월 환율이 고점을 친 이후 원화가 강세로 바뀌면서 외국인들은 국내 주식을 적극적으로 사들여 왔습니다. 채권 또한 마찬가지였는데, 이는 원화 강세에 대한 기대감에 한국의 추가적인 금리 인하 기대감이 복합적으로 작용한 결과입니다.

다만, 달러 약세가 무조건 좋은 신호는 아닙니다. 세계 경제 둔화나 지정학적 리스크가 커지면 달러는 '안전자산' 역할을 다시 할 수 있습니다. 따라서 투자자들은 금과 비트코인의 움직임도 자세히 살펴야 하며, 달러 변동성에 대비한 자산 배분 전략을 세워야 합니다.

✓ 지금은 '달러의 시대'가 아닌 '전략의 시대'다.
✓ 환율을 읽는 자, 세계 시장을 지배한다.

자산의 역할 재편: 금(Gold)은 방패, 코인(Coin)은 창

"금은 인플레이션 헤지 수단이자, 최후의 피난처다."

이는 필자가 오래전부터 반복해온 일관된 메시지입니다. 트럼프 전 대통령의 1기 재임 시절부터 이어진 경험에 기반하여, 필자는 트럼프 2기에서도 달러화의 약세 전환 가능성을 지속적으로 강조해왔습니다.

시장 일각에서는 강달러 정책이 재개될 것이라는 전망도 있었지만, 트럼프 1기 당시에도 달러는 약세 흐름을 보였고, 그와 유사한 패턴이 다시금 반복되고 있다는 점에 주목한 것입니다. 결국 시장은 변해도 사람은 쉽게 바뀌지 않는 법입니다.

실제로 최근 몇 개월 사이, 달러화에 대한 신뢰 자체가 흔들리며, 달러 인덱스Dollar Index는 전고점 대비 10% 이상 하락, 이제는 심리적 지지선인 100 아래로 내려와 있습니다.

그 결과, 자산 시장에서 금은 다시금 조명을 받고 있습니다. 명실상부한 인플레이션 헷지 수단이자, 글로벌 불확실성 속 '마지막 피난처'로서의 위상을 공고히 하며 가격은 사상 최고치를 경신 중입니다.

글로벌 금융시장에서 안전자산에 관한 관심이 높아질 때마다 투자

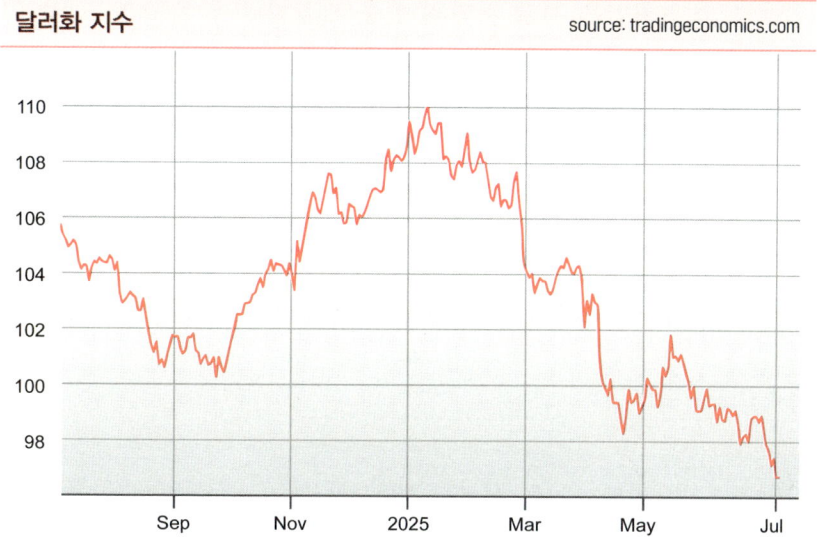

자들은 '금'과 '암호화폐(특히 비트코인)' 사이에서 선택의 갈림길에 섰습니다. 두 자산 모두 전통적인 통화 시스템에 대한 불안이 커질 때 대안 자산으로 주목받지만, 성격과 위험은 전혀 다릅니다.

금은 수천 년간 인류가 신뢰해 온 가치 저장 수단입니다. 실물 자산이기 때문에 발행 주체에 의존하지 않으며, 변동성이 비교적 낮고 인플레이션 및 통화가치 하락기에 강세를 보이는 경향이 있습니다. 특히 달러가 약세를 보이는 시기에는 금 가격이 상승하는 흐름이 자주 관측됩니다. 실물 수요 외에도 중앙은행의 금 보유 확대가 가격 상승에 영향을 줍니다. 최근 들어 중국에서의 금에 대한 수요가 더욱 강해지고 있어, 국제 금 가격은 트로이 온스 당 3,000 달러 시대를 열었습니다.

반면, 비트코인은 기술 기반의 신흥 자산입니다. 2009년 탄생 이후 디지털 금이라는 별칭이 붙었고, 제한된 발행량과 탈중앙화 구조로 금과 유사한 특성을 지녔습니다. 그러나 가격 변동성이 크고 규제 위험, 사이버 보안 문제 등이 상존해 있습니다. 그런데도 최근 몇 년 사이 기관 투자자의 참여가 늘어나면서 점차 자산으로서의 입지를 다져가고 있습니다. 최근에는 스테이블코인의 제도화가 시장의 화두로 떠올랐습니다.

결국 금과 비트코인은 서로를 대체하기보다는 상호 보완할 수 있는 자산입니다. 안정성을 최우선으로 한다면 금이 적합하고, 고수익을 기대하되 위험 감내가 가능하다면 비트코인을 일부 포트폴리오에 포함하는 것도 고려할 수 있습니다. 달러 약세 국면에서는 두 자산 모두 수혜를 입을 가능성이 크다는 점에서, 투자 비중을 전략적으로 조정하는 것이 중요합니다.

- ✔ 위기를 기회로 바꾸고 싶다면, 금은 방패가 되고 코인은 창이 된다.
- ✔ 방어만으로는 부를 지킬 수 없다. 공격 없이도 부를 만들 수 없다.

스테이블코인과 기축의 재정의

"스테이블코인의 붕괴는 전체 시장의 붕괴로 이어질 수 있다."

테라 루나 사태[6] 이후 경고성 메시지로 자주 언급되던 '스테이블코인Stable coin'이 최근 들어서는 완전히 다른 의미로 다가오고 있습니다.

가격이 고정된 암호화폐, 이른바 스테이블코인이 비트코인, 이더리움 같은 변동성 높은 암호화폐를 넘어, 이제 금융 시스템의 새로운 축으로 자리 잡고 있습니다. 스테이블코인은 이름처럼 달러USD 같은 법정화폐에 연동된 '가격 안정형 암호화폐'입니다. 변동성이 심한 일반 암호화폐와 달리, 가격이 거의 고정되어 있어서 거래나 결제 수단으로의 활용성이 매우 높습니다.

기존 기축통화가 국가의 신용과 경제력에 기반한 '중앙화된Centralized' 화폐였다면, 스테이블코인은 분산원장 기술에 기반한 '탈중앙화Decentralized' 혹은 '하이브리드Hybrid' 형태의 디지털 화폐로서 새로운 패러다임을 제시합니다. 대표적으로 미국 달러에 페깅Pegging된

---

[6] 테라-루나 사태는 한국산 알고리즘 기반 스테이블코인인 '테라 USD(UST)'와 그 보조 토큰 '루나(LUNA)'가 2022년 5월 동시에 붕괴하며, 전 세계 가상자산 시장에 충격을 준 사건임. 알고리즘 설계 실패 + 시장 신뢰 붕괴가 결합한 암호화폐 시스템 위험의 전형적 사례임. 암호화폐 역사상 가장 큰 실패 중 하나로 평가되며, 수많은 투자자의 피해와 전 세계적인 규제 강화 흐름을 촉발했음.

USDC, USDT 등이 글로벌 디지털 거래와 결제에서 활발히 사용되며, 국제 금융시장에 점차 편입되고 있습니다.

과거에는 암호화폐가 '투기 수단'으로 여겨졌지만, 스테이블코인은 실물경제와 연결될 가능성이 커진 디지털 화폐입니다. 미국에서는 거대 소매 기업들도 스테이블코인의 도입을 적극적으로 추진하고 있다는 소식이 전해진 바 있고, 특히 최근에는 미국 국채 등 안전자산을 담보로 발행되는 스테이블코인도 등장하면서 '디지털 달러'의 위상까지도 논의되고 있습니다.

여기에 더해, 미국·유럽의 금융기관과 빅테크 기업들까지 스테이블코인을 기반으로 한 결제 시스템을 실험 중입니다. 이 흐름은 단순한 암호화폐 트렌드가 아니라, 전통 금융 시스템이 블록체인 기반으로 재건Rebuilding되는 신호일 수 있습니다.

또한, 글로벌 불확실성 속에서 신흥국 투자자들은 자국 통화 대신 스테이블코인을 활용해 자산을 보존하려는 움직임을 보이고 있습니다. '달러에 연동되지만, 은행을 통하지 않고 자유롭게 이동할 수 있는 자산'이라는 점에서, 스테이블코인은 새로운 글로벌 유동성의 운반 수단이 되고 있습니다.

향후 미국이나 주요국 중앙은행이 CBDC(중앙은행 디지털 화폐)를 본격 도입하기 전까지, 스테이블코인이 디지털 금융의 과도기적 핵심 통화 역할을 할 가능성도 큽니다. 이는 글로벌 자산 흐름에서 '기축의 재정의'가 이뤄지고 있음을 의미합니다.

- ✓ 은행 없이 달러를 쓰는 디지털 시대가 도래했다.
- ✓ 스테이블코인이 글로벌 유동성의 새 통로가 될 수 있다.

원화 강세는 외국인 매수의 기폭제

최근 1~2년간 달러·원 환율이 1,500원에 가까워질 때마다, 필자는 "1,500원을 넘지 않을 것"이라는 확신을 거듭 강조해왔습니다. 그러나 당시 시장 분위기는 전혀 달랐습니다. 많은 투자자와 전문가들은 1,500원 돌파는 시간문제라며 환율 2,000원 시대까지도 언급하며 비관적인 전망을 쏟아냈습니다.

하지만 그런 주장은 환율이라는 경제 변수를 그저 숫자놀음처럼 단순화한 시각이었습니다. 환율이 1,500원을 넘어서도 안 되고, 넘게 해서도 안 되는 거시경제적, 정책적 이유가 존재했습니다. 경제 전반에 미치는 충격을 고려하면, 지나친 환율 변동은 곧 수입물가 상승 → 인플레이션 가속 → 국민 체감 고통 증가로 이어질 수 있기 때문입니다.

그렇다면 정부는 가만히 손 놓고 있었을까요?

물론 아닙니다. 환율을 결정하는 데 있어 당국의 직·간접 개입, 유동성 관리, 외환시장 안정조치 등은 꾸준히 작동해왔습니다. 시장에는 보이지 않지만, '보이지 않는 손'은 분명 존재했으며, 그것이 바로 시장의 왜곡을 억제하고 극단을 피하도록 유도하는 제도적 안전장치였습니다.

결과적으로, 달러·원 환율은 여러 차례 1,500원 선을 위협했지만 매번 해당 레벨에서 제동이 걸렸고, 이는 우연이 아니라 정책적 의지와 시장 메커니즘이 함께 작동한 결과였습니다.

환율은 해외 자금의 움직임을 보여주는 척도Barometer입니다. 특히 달러/원 환율은 한국 증시에 미치는 영향이 큽니다. 원화가 강해지면 외국인 투자자들은 상대적으로 더 유리한 환경에서 투자할 수 있고, 반대로 원화 약세가 심해지면 자금 유출 압력이 커집니다.

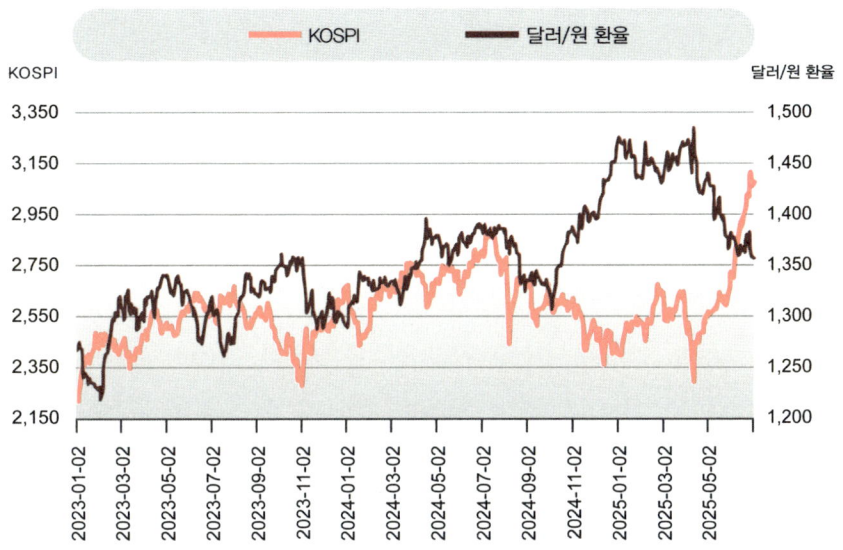

최근 몇 년간 달러/원 환율은 글로벌 금융시장의 불확실성, 미 연준의 금리 정책, 지정학적 이슈 등에 따라 크게 흔들렸습니다. 원화 약세가 지속될 때는 외국인 투자자들이 한국 증시에서 발을 빼는 경우가 많았고, 이는 '코리아 디스카운트' 현상을 심화시키는 원인이 됐습니다.

하지만 2025년 들어 원화는 상대적으로 안정세를 찾는 모습입니다. 원화 강세는 단순히 환율 숫자만의 문제가 아니라, 한국 증시의 체력과 투자 매력을 반영합니다. 국내 기업들의 실적 개선 기대감, 그리고 외국인 자금의 유입이 맞물리면서 최근 환율과 증시는 역동적으로 움직이고 있습니다.

실제로 최근 SK하이닉스, 삼성전자 등 대형 기술주에 대한 외국인 매수세가 강해졌고, 이는 달러/원 환율 안정과 연관이 깊습니다. 안정적인 환율은 기업들의 이익 전망을 밝게 하고, 외국인 투자자들에게는 위험을 줄여주는 역할을 합니다.

✓ 원화가 강해질수록, 한국 증시는 더 강해진다.
✓ 환율을 이해하는 순간, 글로벌 자금의 방향이 보인다.

환율과 K-증시의 민감한 상관관계

필자는 과거 방송 출연 중 외환시장에 관한 질문을 받는 자리에서 다음과 같은 예측을 한 바 있습니다.

"달러당 환율이 1,450원 수준에서 머무르고 있지만, 당장 50원 이상 하락해도 전혀 이상할 게 없습니다."

이 발언은 당시 시장 분위기를 고려하면 다소 대담하고 소수 의견에 가까운 주장이었습니다. 대부분 전문가는 단기적으로 1,450원 수준이 유지되리라 전망하고 있었기 때문입니다.

하지만 필자의 이러한 판단에는 분명한 근거가 있었습니다. 바로 달러 인덱스DXY가 전고점인 110에서 100까지 급락하며 약 10% 이상 조정을 받은 점이었습니다. 이는 구조적인 변곡점이 시작됐다는 시그널이기도 했습니다.

바로 이 지점을 근거로, 필자는 이어서 "달러 약세 전환은 곧 한국 증시의 반등을 이끌 것"이라는 주장을 지속적으로 펼쳐왔습니다. 환율의 방향성과 증시의 향방은 긴밀히 연결되어 있으며, 환율의 하향 안정은 외국인 자금 유입과 기업실적 개선을 견인하는 긍정적 촉매제가 된다는 것이 필자의 판단이었습니다.

환율은 한국 증시, 특히 코스피 지수와 밀접한 상관관계를 맺고 있습니다. 원화 환율의 움직임은 단기적 변동성뿐 아니라 중장기적인 투자 심리와 자본 흐름에도 큰 영향을 미치기 때문입니다.

일반적으로 원화가 강세를 보일 때는 외국인 투자자들의 한국 주식 매수세가 강화되는 경향이 뚜렷합니다. 원화 강세는 해외 투자자 관점에서 환전 비용이 줄어들고, 수익 실현 시 환차익 가능성이 커지는 의미이기 때문입니다. 이는 한국 시장에 대한 투자 매력도를 높이고, 코스피 지수 상승을 견인하는 긍정적 요소로 작용합니다.

반면, 원화 약세는 외국인 투자자들에게 불리하게 작용해 자금 유출 압력을 높일 수 있습니다. 특히, 환율 변동성이 커지거나 급격한 원화 약세가 나타나면 세계 경기 불안감과 맞물려 투자 심리가 위축되고, 코스피 지수에도 부정적인 영향을 미치기 쉽습니다. 2024년 말 기준 무려 9,626억 달러(약 1,300조 원)가 미국에 투자돼 있고, 동남아(2,495억 달러), EU(2,495억 달러)에도 투자된 상태입니다. 한국을 떠나 미국을 향한 서학개미들의 투자금 또한 달러/원 약세의 영향으로 일부분 해석될 수 있습니다.

환율 사이클은 세계 경제 환경, 무역 수지, 금리 정책, 지정학적 리스크 등 다양한 변수에 의해 좌우됩니다. 예를 들어, 미국 달러 강세 국면에서는 상대적으로 원화 약세가 지속되는 경향이 있고, 이는 코스피의 변동성을 키우는 요인이 됩니다. 반대로 달러 약세 시기에는 원화가 강세를 보이며, 한국 증시에 긍정적인 모멘텀으로 작용하는 경우가 많습니다.

더욱이, 환율 변동과 코스피 간 관계는 '상호 작용'의 성격을 띱니다. 코스피 강세가 지속되면 외국인 자본 유입이 늘어나면서 원화 강세 압력이 커지고, 이 원화 강세는 다시 투자 심리를 자극해 코스피 상승을 지원하는 '선순환Virtuous cycle'이 형성될 수 있습니다.

요약하면, 환율의 사이클은 한국 증시의 방향성을 가늠하는 중요한 지표입니다. 2025년에도 원화 환율의 안정과 강세 전환 여부는 코스피의 추가 상승과 외국인 자금 유입의 핵심 변수로 작용할 것입니다. 투자자들은 환율 변동성을 면밀히 관찰하며, 환율과 주가 간 상관관계에 주목할 필요가 있습니다.

- ✓ 환율을 꿰뚫는 눈이, 시장을 꿰뚫는 통찰이 된다.
- ✓ 지표를 읽는 자가, 기회를 앞선다.

📈 美 중심 자금 흐름, 이제는 분산으로

"아직도 국장 탈출 안 했어요?"

2024년까지만 해도 '아직도 국장 탈출 안 했냐'는 말은 투자자들 사이에서 자조 섞인 농담처럼 자주 들리던 질문이었습니다. 특히 서학개미들이 미국 시장에서 고수익을 올리던 시기, 국내 자산에 대한 신뢰는 바닥으로 떨어졌고, 자금은 속절없이 미국 시장으로 빨려 들어갔습니다.

하지만 트럼프의 재집권 이후, 그 기류는 완전히 바뀌고 있습니다. 미국 시장의 정책 불확실성과 규제 강화 우려, 그리고 달러화 약세 전환 흐름 속에서, 오히려 한국 시장의 상대적 안정성과 구조적 개선 가능성이 다시 부각되기 시작한 것입니다.

더 이상 "국장 탈출 안 했냐"는 말이 우세하던 시절은 지났습니다. 이제는 거꾸로 묻습니다. "아직 국장 복귀 안 하셨어요?"

2025년 현재, 글로벌 금융시장의 핵심 흐름 중 하나는 '탈미국de-dollarization'입니다. 팬데믹 이후 미국은 긴축적 통화정책과 고금리 환경을 유지해왔고, 최근에는 달러화에 대한 신뢰도 약화, 미국 주식시장의 상대적인 성과부진 등 미국 내 자산의 매력도는 점차 약화되고 있습니다. 반면, 유럽·아시아·신흥국 시장은 금리 안정, 각국 정부의 확장적 재정정책 등에 구조적 투자 기회가 맞물리며 점차 자금의 새로운 목적지로 부상 중입니다.

실제로 IMF와 EPFR(글로벌 자금 흐름 집계기관)에 따르면, 2024년 하반기부터 2025년 1분기까지 미국을 벗어난 글로벌 자금은 총 3,800억 달러 규모에 달하며, 이 중 약 1,100억 달러가 아시아 지역에 재투자된 것으로 나타났습니다. 특히 한국은 2025년 5월 이후 외국인이 순매수로 돌변한 이후 연일 대규모의 순매수를 보인 바 있으며, 일본과 인도를 잇는 '차세대 핵심 투자처'로 급부상하고 있습니다.

이 자금 흐름은 단순한 리밸런싱이 아닌 체계적이고 구조적인 재편으로 봐야 합니다. 미국 주식은 PER(주가수익비율)이 평균 20배를 넘지만, 한국과 아시아 주요국 증시는 아직도 10~14배 수준에 머무르고 있어, 밸류에이션 메리트가 확실합니다. 여기에 더해, 미국 달러화는 2024년 고점 대비 10% 이상 하락하며, 달러 강세기에 잠시 숨 고르던 해외 자금이 원화·유로·엔화 등으로 다시 이동하는 계기를 만들고 있습니다.

특히 2025년 들어 외국계 연기금·헤지펀드들이 한국 대형주 ETF,

반도체, 금융 부문에 적극적인 포트폴리오 확대를 진행하고 있으며, 일부 글로벌 운용사들은 한국 비중을 기존의 3~5% 수준에서 상향 조정하고 있습니다. 이와 함께 금(방어형 자산)과 비트코인(공격형 대체 자산)으로의 자산 분산도 동반되며, 자금 흐름의 다극화가 더욱 뚜렷해지는 양상입니다.

결국, 글로벌 자금은 이제 '달러 일극 체제'에서 벗어나 다극 체제 속에서의 전략적 분산 투자로 방향을 전환하고 있습니다. 미국 중심 시대는 서서히 저물고 있으며, 그 자리를 아시아가 대체하고 있습니다.

✓ 돈은 방향을 속이지 않는다.
✓ 자금의 시선이 향하는 곳에, 다음 주도권이 있다.

트럼프는 여전히 약달러를 원한다

최근 글로벌 금융 시장에서 가장 자주 들리는 질문 중 하나는 바로 이것입니다.

"미국 자산 외에, 이제는 어디에 투자해야 하나요?"

이는 단지 일시적인 관심이 아니라, 약화된 달러화의 위상과 함께 투자자산 포트폴리오의 재편이 활발히 논의되고 있다는 의미입니다.

그동안 글로벌 투자자들의 자금은 오랫동안 '달러 집중구조'에 머물러 있었습니다. 미국 증시와 미국 달러 기반 자산이 중심이 된 자산배분 전략이 사실상 정석처럼 여겨졌던 것이죠. 그러나 최근 달러화의 상대적 약세 흐름과 함께, 이제는 투자자들 사이에서 '탈미국' 전략, 즉 비달러 자산Non-US Assets에 대한 재평가와 대안 투자처 모색이 본격화되고 있습니다.

특히 주목할 점은, 이러한 흐름 속에서 한국이 '탈미국 시대의 수혜국가'로 부상할 수 있는가에 관한 질문이 점점 많아지고 있다는 사실입니다. 이는 단순한 관심 차원이 아니라, 한국 증시와 자산시장이 갖춘 구조적 변화 가능성과 연결되어 있기 때문입니다.

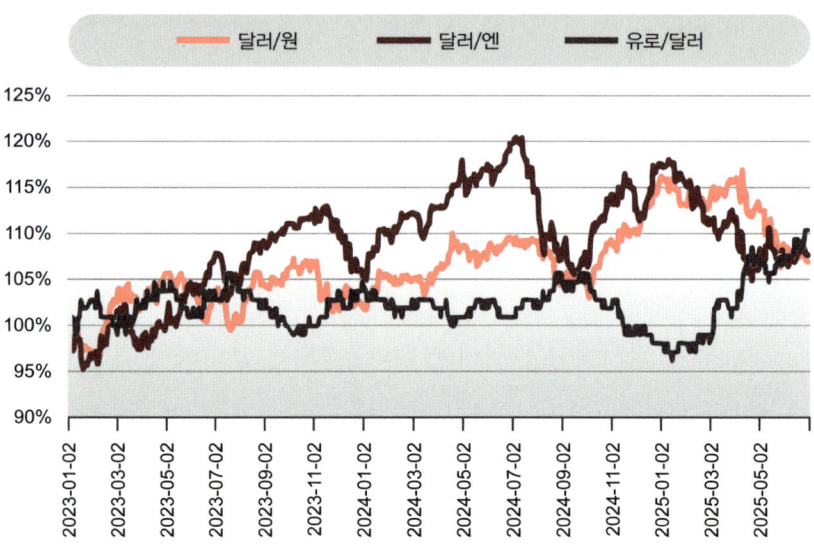

도널드 트럼프 대통령의 경제 기조는 변하지 않았습니다. 그가 1기 집권 당시부터 밀어붙였던 "강한 제조업, 약한 달러" 전략은 2025년 현재에도 뚜렷하게 관철되고 있습니다. 트럼프는 수출 경쟁력 강화를 위해 연준Fed에 공개적으로 금리 인하를 압박해 왔으며, 환율을 미·중 무역전쟁의 협상 카드로 적극적으로 활용했던 전례도 있습니다.

하지만 현실은 녹록지 않습니다. 누적된 재정적자와 다시 시작된 관세전쟁의 여파로 미국 내 물가 압력은 계속해서 고조되고 있습니다.

트럼프 대통령은 집권 이후 내내 제롬 파월 연준 의장에게 기준금리 인하를 강하게 요구하고 있지만, 파월 의장은 "Mr. Too Late"이라는 비판에도 불구하고 인플레이션 우려에 따라 금리를 유지하는 신중한 태도를 고수하고 있습니다. 현재 기준금리(4.25~4.50%)는 적어도 2025년 9월까지 동결될 가능성이 크다는 전망이 우세합니다.

이런 상황 속에서 달러화 약세는 단기적 흐름에 그치지 않습니다. 이는 쌍둥이 적자(재정적자+경상적자)에 이어, 미국 국채와 달러라는 '신뢰 자산' 자체에 대한 의구심이 확대되고 있다는 신호로 봐야 합니다. 그리고 바로 이 지점이 글로벌 자산 흐름의 대전환점이 될 수 있습니다.

미국 중심의 자금이 점진적으로 이탈 조짐을 보이면서, 상대적으로 저평가된 신흥국 시장에 관한 관심이 높아지고 있습니다. 특히 한국 시장은 구조적 실적 개선, 정책 안정성, 기술주 주도 업사이클 등이 맞물리며 자본 유입의 수혜 국가로 부상하고 있습니다.

실제로 최근 원화 강세와 한국 증시의 상승은 이러한 유동성 재배분의 기대를 선반영하고 있는 흐름으로 해석됩니다.

한국은 이 구도에서 수혜의 최전선에 있습니다. 반도체, 조선, 방산 등 전략 산업은 약달러 환경에서도 글로벌 공급망의 핵심으로 주목받고 있습니다. 외국인 자금은 금리와 환율의 신호를 읽고 움직이는데, 그 신호는 점점 한국을 향하고 있다고 생각합니다.

투자자로서는 '트럼프 2기는 불확실성보다는 기회'입니다. 그의 달러화 정책은 예측 가능하며, 약달러 지향은 흔들리지 않습니다. 결국 약달러 → 원화 강세 → 외국인 유입 → 한국 증시 강세라는 흐름이 트럼프 2기 내내 이어질 가능성이 큽니다.

> ✓ 정치는 유동적이지만, 트럼프의 약달러 선호는 확고하다.
> ✓ 세계 자본 흐름의 방향이 바뀔 때, 국장은 기회의 시장이 된다.

미 국채 수익률 4~5%가 주는 신호

"미국 국채금리가 올라가고 있는데, 좋은 겁니까 나쁜 겁니까?"
"국채금리 상승은 미국 경제에 대한 신뢰 붕괴의 전조인가?"

최근 달러 보험이 국내 투자자들 사이에서 큰 인기를 끌고 있다는 보도를 접했습니다. 미국 국채 수익률이 4~5%대를 유지하면서, '연 5% 수익률'이라는 문구는 안정적 수익을 추구하는 이들에게 충분히 매력적인 제안으로 다가온다는 내용입니다. 실제로 2025년 들어서만 약 5천억 원이 달러 보험으로 유입됐고, 연말까지 1조 원을 돌파할 가능성도 제기되고 있습니다. 국내 기준금리 인하 기대와 맞물려 상대적으로 금리가 높은 미국 자산으로 자금이 이동하는 모습입니다.

달러 보험은 명목상 보험이지만 실질적으로는 환차익과 금리 수익을 동시에 겨냥하는 복합 금융상품입니다.

원화 가치가 높을 때 가입하면 유리하고, 일정 기간 유지 시 세제 혜택도 받을 수 있습니다. 그러나 환율과 금리의 방향성이 달라지면 손실 위험도 적지 않습니다. 최근 달러화 지수 하락으로 환차손 가능성이 커지고 있다고 봐야 합니다.

특히 트럼프 대통령의 고율 관세 정책은 인플레이션을 자극하고 미 연준의 긴축으로 이어질 수 있습니다. 이는 미 국채 수익률 상승(채권가격 하락)으로 이어져 달러 보험 수익성에 악영향을 줄 수 있습니다. 단순히 연 5%라는 수익률에만 주목하면 이러한 구조적 위험을 간과하기 쉽습니다.

비슷한 사례로 중남미·동남아 국채가 있습니다. 높은 금리에 끌려 투자했다가 해당 통화가치 폭락으로 손실을 본 사례가 많습니다. 브라질, 인도네시아 등은 연 7~10%대 수익률을 제시하지만, 환율 급변으로 실질 수익은커녕 원금 손실로 이어지는 경우도 적지 않습니다. 환헤지Hedge[7)]로도 완전한 방어는 어렵고 비용 부담이 큽니다. 이면에 숨은 복잡한 위험을 충분히 살펴봐야 합니다.

- ✓ 달콤한 수익률 이면에는 복잡한 위험이 숨어 있다.
- ✓ '달러'라는 이름만 믿고 들어갔다간, 보험이 아니라 함정이 될 수 있다.

---

7) 환율 변동에 따른 손실을 방지하거나 줄이기 위해 사용하는 위험 관리 수단. 주로 해외 자산에 투자하거나, 해외에서 수출입 거래를 하는 기업이나 투자자들이 활용.

3장 | 산업이 바뀐다, 자산이 바뀐다

제조에서 플랫폼으로: 산업구조의 재정의

과거 한국경제를 이끈 주력 산업은 전통적인 제조업이었습니다. 자동차, 조선, 철강, 반도체 등 '하드웨어'를 중심으로 한 산업구조가 국가 성장의 근간이었습니다. 특히 반도체 제조업은 세계 DRAM 시장에서 한국이 독보적인 경쟁력을 구축하며 '국장(국내 대형주)'을 대표하는 산업으로 자리매김했습니다. 그러나 4차 산업혁명과 디지털 전환의 물결 속에서 산업의 무게중심은 점차 '플랫폼'으로 이동하고 있습니다.

이 같은 변화는 자본시장에도 깊은 영향을 미칩니다. 전통 제조업의 가치는 '생산능력'과 '원가 경쟁력'에 집중됐지만, 플랫폼 산업은 '네트워크 효과'와 '데이터 자산'이 기업가치를 결정짓는 핵심 요소가 됩니다. 예를 들어, 네이버와 카카오는 각각 검색, 커뮤니케이션, 콘텐츠 유통 등 다양한 서비스를 하나의 통합 플랫폼으로 연결하며 독보적 시장 지위를 확보하고 있습니다. 이들은 과거 '제조업' 기업과는 다른 투자 평가 기준이 필요합니다.

그뿐만 아니라, 플랫폼 기반 산업은 글로벌 확장과 확산 속도가 훨씬 빠릅니다. 하드웨어는 공장 증설과 생산 설비 투자에 따른 시간이 소요되지만, 플랫폼은 소프트웨어 업데이트나 신규 서비스 론칭을 통해 단기간에 사용자 기반을 확대할 수 있습니다. 이는 시장의 주도권 경쟁을 더욱 치열하게 만들며, 한국기업이 글로벌 성장 시장에서 '규모의 경제'를 달성할 수 있는 중요한 기회를 제공합니다.

하지만 전환 과정에는 도전도 따릅니다. 전통 제조업 중심 산업 생태계에 익숙한 투자자와 경영진은 플랫폼 중심 평가 체계와 전략을 이해하고 수용하는 데 시간이 걸립니다. 또한 플랫폼 기업은 사용자 데이터 보호, 개인정보보호 규제, 독점적 시장 지위에 대한 글로벌 경쟁법 강화 등 새로운 위기관리가 필수적입니다.

한국 증시는 이러한 산업구조 변화에 맞춰 자산 배분과 투자전략을 조정할 필요가 있습니다. 제조업이 강점인 대형주와 함께, 성장 잠재력이 높은 플랫폼 기업과 혁신 신산업에 대한 투자 비중을 늘리는 것이 미래 수익률 확보에 유리합니다. 실제로 글로벌 자금은 이미 2024년 이후 '가치주Value stock'에서 '성장주Growth stock'로 방향을 틀면서, IT·플랫폼 관련 주식에 집중적으로 투자하는 흐름을 보여왔습니다.

결국, 기술 기반 산업의 재정의는 단순히 '무엇을 만드는가'가 아니라 '어떻게 연결하고 확장하는가'의 문제입니다. 한국 자본시장은 제조업 강국의 전통적 틀을 유지하면서도, 플랫폼 산업의 혁신 역량을 적극적으로 반영해야 합니다. 제조업과 플랫폼이 조화롭게 융합할 때, 한국 증시는 진정한 의미의 '새로운 성장 시대'를 열 수 있을 것입니다.

- ✓ 기술의 흐름을 읽고 산업의 변화를 선도하는 자만이 미래 시장의 승자가 된다.
- ✓ 한국 증시의 진정한 부흥에는 '제조에서 플랫폼'으로 대전환이 필요하다.

가치(Value)와 성장(Growth): 자산 배분의 새로운 중심

"아직도 가치주 보세요?"… 투자 스타일에 변화의 바람

2024년까지는 투자자들 사이에서 자주 들리던 말이었습니다. 50~60대 투자자들은 익숙한 가치주 투자에 집중해왔고, 반대로 기술 변화에 민감하고 비교적 적은 투자금을 운용하는 20~30대는 보다 공격적인 성장주 투자에 집중하는 경향이 뚜렷했습니다.

가치주는 변동성이 낮고 안정성은 높지만, 수익률은 다소 제한적인 전략입니다. 성장주는 리스크는 크지만 기대 수익률도 높은 투자 방식입니다. 지난 10년간 한국 증시는 점점 성장주 중심의 시장으로 흐르며, 가치주는 상대적으로 소외돼 왔습니다.

하지만 2025년 2분기에 접어들며 그 흐름에 이변이 감지되고 있습니다. 이번 코스피 상승장을 면밀히 들여다보면, 과거와는 명확히 구분되는 특징이 나타납니다. 바로 '가치주와 성장주의 동반 강세'입니다.

한편에서는 지배구조 개선 기대감, 저평가 해소 기대 등에 힘입어 그간 외면받았던 가치주들이 반등하며 일종의 '한풀이 장세'를 보였고,

다른 한편에서는 AI 테마 열풍을 타고 SK하이닉스를 비롯한 대표 성장주들이 고공행진을 펼쳤습니다.

이러한 쌍끌이 장세는 투자자들에게 중요한 시사점을 던집니다. 이제는 어느 한쪽에 편중된 전략이 아닌, 시장 구조 변화 속에서 '가치주와 성장주가 공존'할 수 있는 시대가 열리고 있다는 것입니다.

'가치와 성장'은 투자 세계에서 오랫동안 상반된 스타일로 여겨져 왔습니다. 가치주 투자 스타일은 안정적 수익과 배당, 저평가된 자산에 투자합니다. 반면, 기술주 스타일은 빠른 성장과 혁신성을 기반으로 미래 가치를 선취하는 전략입니다. 2024년 이후 글로벌 자본시장은 가치주에서 성장주로 자금 이동이 뚜렷해졌습니다. 이는 디지털 전환과 4차 산업혁명, 기술 기반 플랫폼 산업의 부상과 밀접합니다.

한국 증시도 변화의 중심에 있습니다. 전통적인 조선, 방산 같은 가치 산업이 여전히 중요하지만, 반도체, 네이버, 카카오 등 기술 중심 성장주의 비중이 커지고 있습니다. 외국인 투자자들은 저평가 가치주와 함께 성장주에 대한 투자를 확대하며, 자산 배분의 중심축이 성장주 쪽으로 기울고 있습니다.

투자자들은 단순한 밸류에이션을 넘어서, 기업의 혁신 역량과 생태계 내 영향력 등 성장 질Quality을 평가하는 데 집중합니다. 이는 가치투자와 성장투자가 공존하며 서로 보완하는 새로운 균형점입니다.

또한, 금리 변동성과 글로벌 불확실성은 가치주와 성장주의 상호 보완적 역할을 부각시킵니다. 금리 상승기엔 현금 흐름이 뒷받침되는 가치주가 강세를 보이고, 경기 회복기와 기술 혁신 가속 시 성장주가 주목받습니다. 따라서 두 스타일을 유기적으로 결합해 위험과 수익을 최적화하는 자산 배분 전략이 필요합니다.

한국 증시의 미래는 가치와 성장의 조화에 달려 있습니다. 튼튼한 제조업 기반 위에 기술 혁신과 플랫폼 산업의 성장 동력을 더하는 균형 잡힌 투자전략이 장기 성장과 경쟁력 확보의 핵심입니다.

✔ 가치와 성장은 이제 적이 아니라 동맹이다.
✔ 이 균형을 잡는 자만이 K-증시의 미래를 지배할 것이다.

전략자산으로 떠오른 반도체, 조선, 방산

"조선업 장기호황, 실제로 다시 오는가?"
"방산 수출 세계 10위권 진입, 일시적 착시인가 구조적 기회인가?"

최근 한국 증시에서 조선·방산 산업이 '국가 전략자산'으로 부각되고 있습니다. 이는 단순한 테마적 순환이 아니라, 반도체·AI 등 기존 성장주들과는 결이 다른 실물 제조 기반의 구조적 성장 섹터로 재평가 받고 있다는 점에서 주목할 만합니다.

주목해야 할 글로벌 환경의 변화는 우크라이나·중동 지역 등에서의 지정학적 긴장 고조, 글로벌 방위비 지출 확대 및 미·중 군비 경쟁 강화, 해운업 회복, LNG 운반선 중심의 친환경 인프라 투자 증가, 유럽 중심의 차세대 함정 건조 수요 확대 등 입니다. 이러한 흐름은 해당 산업에 구조적 수요 증가라는 배경을 제공하고 있으며, 시장 또한 이를 선제적으로 반영하고 있습니다.

현재 조선 및 방산 관련 종목들은 연일 강세를 기록 중이며, 이는 단기 모멘텀이라기보다 장기적인 성장 서사의 초입에 들어섰다는 평가가 설득력을 얻고 있습니다.

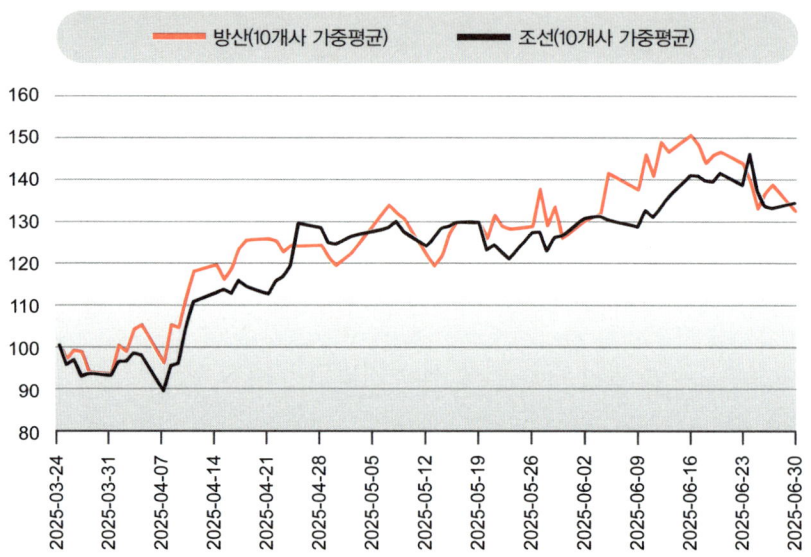

2020년대 중반을 지나며 글로벌 자본시장은 단순한 실적보다 '기술력'과 '국가 전략 가치'에 집중하는 방향으로 전환하고 있습니다. 이 가운데 한국의 반도체, 조선, 방산 산업이 '전략자산'으로 부상하며 국가 경제와 안보를 동시에 뒷받침하는 핵심축으로 자리를 잡고 있습니다.

먼저, 반도체 산업은 AI 시대의 연산 경쟁을 주도하며, 단순한 제조를 넘어 'AI 인프라' 기업으로 재평가받고 있습니다. SK하이닉스는 엔비디아의 핵심 공급자로서 세계적인 AI 생태계의 중추 역할을 수행하며, 삼성전자 또한 차세대 AI 칩 개발에 집중해 기술 주도권 탈환에 매진하고 있습니다. 반도체는 이제 한국경제의 심장부이자 국가 경쟁력의 상징입니다.

조선업은 LNG선, 초대형 컨테이너선, 무탄소 연료 추진선 등 친환경 고부가가치 선박 분야에서 세계 시장을 선도하며, ESG와 기술 혁신을 결합한 첨단산업으로 진화하고 있습니다. 글로벌 에너지 전환과 해상 물류의 미래를 설계하는 기술 경쟁의 중심에 서 있으며, 해양플랜트와 LNG 운반선 등에서 압도적인 시장 점유율을 유지하고 있습니다. 최근 미·중 대결이 첨예화되면서 급기야는 중국 상선에 대해 '무거운' 관세를 부과함으로써 중국을 따돌리고 있습니다. 당연히 전세계 선사들은 상대적으로 경쟁력이 생긴 한국에 상선 발주를 늘릴 수밖에 없는 상황이 돼버렸습니다.

방산 산업 역시 우크라이나 전쟁 이후 급부상했습니다. K9 자주포, K2 전차 등 첨단 무기체계가 세계 무기 수출 판도를 바꾸고 있으며, 과거 수입 의존에서 벗어나 유럽, 중동, 아시아로의 수출을 확대하고 있습니다. 최근 들어 중동 내 분쟁과 전쟁이 반복되며, 미사일 레이더 등 관련 방산 수요가 급증하고 있습니다. 첨단 기술 융합과 국산화가 강화되며 국가 안보와 경제 수출을 동시에 견인하는 전략 산업으로 자리매김했습니다.

이 세 산업은 기술력과 전략성이 맞물려 한국경제의 신성장 축이 되고 있습니다. 자본시장은 기술 혁신과 국가 전략 가치를 반영해 이들 산업에 집중하여 투자하며, 정부 정책과 민간 혁신이 시너지를 이루어 산업 전략자산의 위상이 더욱 확고해지고 있습니다. 결국 반도체의 초격차, 조선의 친환경 전환, 방산의 전력화 능력은 '자본의 방향'을 결정짓는 힘이며, 한국 산업의 미래 경쟁력을 견인하는 핵심 자산입니다.

기술을 읽는 자본만이 시간을 이길 수 있으며, '프리미엄'은 기술과 전략을 이해한 자에게 주어질 것입니다. 한국의 산업 전략자산은 세계 시장과 지정학적 리스크 속에서 '투자 방패'이자 '성장 창'으로 세계를 새롭게 재편할 것입니다.

- ✓ 이제는 '기술과 전략'에 베팅할 시간이다.
- ✓ 미래를 선점하는 자만이 한국경제의 다음 도약을 이끈다.

산업 패러다임 전환과 자본시장의 반응

"샌드위치 신세가 된 한국의 전통산업…. 돌파구는?"

한동안 한국의 전통 제조업은 글로벌 투자자들 눈에 매력적인 투자처로 비치지 않았던 게 사실입니다. 기술력 면에서는 일본·독일 등 선진국에, 가격경쟁력 면에서는 중국·동남아 신흥국에 밀리는 이른바 '샌드위치 신세' 속에서, 한국 증시는 자금을 머무르게 하기보다는 빠져나오게 하는 시장으로 인식됐습니다.

여기에 기업지배구조의 불투명성과 낮은 주주환원율, 정치·규제 위험 등 오랜 문제들이 '코리아 디스카운트'라는 이름으로 고착됐습니다. 결국 이는 국내 전통산업에 대한 저평가로 이어졌고, 산업구조 자체의 매력도 역시 낮게 평가받는 결과를 낳았습니다.

하지만 지금, 한국 전통산업에도 서서히 변화의 바람이 불고 있습니다. 글로벌 공급망 재편 속에서의 대체 생산기지로서의 부상, 반도체 중심의 고도화 산업군과 전통 소재·기계산업과의 시너지 강화 더불어 최근 일어나고 있는 지배구조 개선의 움직임, ESG 경영 및 투명성 제고 시도 등의 요소들은 과거와는 다른 구조적 재편 가능성을 시사합니다. 이에 글로벌 투자자들도 다시금 한국 제조업의 경쟁력과 잠재력을 재조명하기 시작했습니다.

한국경제는 '제조 중심 성장'에서 '기술·플랫폼 기반 혁신 성장'으로 패러다임 전환의 중대한 갈림길에 서 있습니다. 과거 압축적 산업화와 수출 주도 성장으로 세계 무대에서 빠르게 부상했지만, 4차 산업혁명과 디지털 전환은 경제 구조 전반에 걸친 근본적 변화를 요구하고 있습니다. 이에 따라 자본시장 역시 새로운 경제 현실을 반영해 진화하고 있습니다.

이 전환의 핵심은 전통산업과 신산업 간의 조화로운 공존과 융합입니다. 반도체, 조선, 방산과 같은 전통 제조업은 여전히 한국경제의 근간이지만, AI, 빅데이터, 클라우드, 플랫폼 서비스 등 디지털 기술이 새로운 성장 동력을 창출하면서 자본시장의 투자 기준과 자산 배분 패턴에 변화를 가져왔습니다. 즉, '가치Value' 중심의 보수적 투자에서 '성장Growth' 중심의 혁신 투자가 늘어나고 있습니다.

자본시장은 이러한 변화를 반영해 산업별 경쟁력과 미래 성장성을 더욱 세밀하게 평가합니다. 성장 가능성이 큰 플랫폼 기업이나 첨단 기술 기업에 대한 투자 비중이 확대되며, 동시에 전통산업의 체질 개선과 혁신 역량 강화 여부도 투자 판단의 중요한 잣대가 되고 있습니다. 이 과정에서 ESG(환경·사회·지배구조) 요소가 투자 결정에 크게 작용하며, 기업의 지속 가능성과 사회적 책임도 자본시장 평가에 반영됩니다.

또한, 글로벌 공급망 재편, 미·중 경쟁 심화, 지정학적 리스크 증대 등 대외 환경 변화는 한국경제와 자본시장에 새로운 도전을 던지고 있습니다. 이에 대응해 자본시장은 더 높은 유연성과 전략적 안목을 요구받고 있으며, 산업정책과 금융 정책 간 협력도 강화되고 있습니다.

결국, 한국경제 패러다임 전환은 단순한 산업구조의 변화가 아니라 자본시장 생태계 전반의 혁신을 의미합니다. 투자자들은 이제 전통과 혁신, 안정과 성장, 국내와 글로벌의 균형을 맞추며 미래를 설계해야 합니다. 이 새로운 시도가 성공할 때, 한국 증시는 지속 가능한 경쟁력 있는 세계 시장 중의 하나로 거듭날 것입니다.

> ✓ 경제 패러다임이 바뀌면 자본의 흐름도 바뀐다.
> ✓ 한국 자본시장의 미래는 혁신과 전통의 조화에 달려 있다.

4장 | 한국판 빅테크, 키워야 산다

AI 시대, 한국은 어디에 서 있나?

"AI 시대의 진짜 수혜주는 누구인가… 반도체인가, 플랫폼인가?"
"한국은 AI 경쟁력을 제대로 갖춘 국가인가?"

AI는 이제 단순한 기술을 넘어, 자산Asset으로 재정의되고 있습니다. 이는 최근 글로벌 자본시장의 핵심 흐름 중 하나입니다. 특히 반도체 → 클라우드·데이터 인프라 → AI 플랫폼·서비스로 이어지는 수직적 통합 체계에서 밸류에이션의 논리 자체가 바뀌고 있습니다.

최근 글로벌 밸류에이션의 중심축은 소프트웨어와 플랫폼 기업으로 이동하고 있는 것이 사실입니다. 하지만 이 거대한 흐름 속에서도, 한국이 강력한 경쟁력을 보유한 핵심 자산은 바로 반도체, 그 중에서도 HBM(고대역폭 메모리)입니다.

대표적인 예가 SK하이닉스입니다. 동사는 HBM 분야의 기술 우위를 바탕으로 NVIDIA 공급망에 진입하며 전통 반도체 기업에서 'AI 시대의 전략기업'으로 리포지셔닝 하고 있습니다. 삼성전자 역시 반도체 설계와 파운드리 투자를 통해 AI 생태계를 강화 중입니다. 네이버는 하이퍼클로바X를 통해 자체 생성형 AI를 개발하며 플랫폼 기업에서 AI 독자 기술 보유 기업으로 진화하고 있습니다. 특히 인터넷 시대 NAVER 성공 모델을 근거 삼아, 소버린 AI의 관점에서 한국 AI 시장 내에서 상대적 경쟁입지를 강화해 나가고 있습니다.

이처럼 한국기업들은 AI 하드웨어, 소프트웨어, 서비스 각 영역에서 나름의 존재감을 키우고 있습니다. 투자자는 단순 기술 보유 여부보다, 기업이 AI를 통해 어떤 산업을 혁신하고 있는지, 그리고 그것이 밸류에이션에 어떻게 반영되고 있는지를 주목해야 합니다.

인공지능 시대에서 유망한 투자 대상은 AI 기반 매출 구조 변화가 본격화된 기업, 데이터 및 클라우드 인프라를 확보한 기업, AI와 기존 산업(제조, 금융, 유통 등)의 융합을 실행하고 있는 기업들입니다.

또한 자본시장 측면에서는 코스닥과 비상장 영역에서 AI 기술 기반의 스타트업, 퀀트 기반 자산운용사, 데이터 플랫폼 기업들이 주목받고 있습니다. 이들은 단기 수익보다 장기적 성장성을 평가받으며, '성장주 중심 자산 배분' 전략의 핵심축이 되고 있습니다.

> ✓ AI는 기술이 아니라, 이제 자산이다.
> ✓ 한국이 가진 기술력을 바탕으로 글로벌 자금의 방향을 국장으로 향하게 하자.

산업구조를 바꾸는 AI, 기회인가 위기인가?

"AI가 전통 제조업을 대체한다면, 한국의 다음 먹거리는 무엇인가?"
"삼성전자·SK하이닉스 이후, 한국은 AI 시대의 주도권을 잡을 수 있습니까?"

AI가 이제는 기술을 넘어 산업의 방향성과 국가 경쟁력을 좌우하는 키워드가 된 지 오래입니다. 그러나 현실을 들여다보면, 국내 기업들 중 AI 관련 사업을 통해 본격적인 영업흑자를 실현하고 있는 곳은 많지 않습니다. 이는 AI 산업의 구조적 특성상, '선先투자, 후後수익' 구조에서 비롯된 것으로 보입니다.

물론 B2B 기반의 수익모델을 바탕으로 꾸준히 성장을 시도하는 국내 AI 중소기업들도 존재합니다. 예컨대 솔트룩스, 뷰노, 루닛, 코난테크놀로지 등은 일부 수익화에 성공하며 업계의 주목을 받고 있지만, 여전히 시장 전체적으로는 적정 매출과 이익 규모에 도달한 기업은 드문 상황입니다.

국내 AI 기업들이 기술력 대비 시장에서 제대로 된 가치를 인정받지 못하고 있다는 점도 문제입니다. 글로벌 빅테크들이 AI 플랫폼을 중심으로 수익을 내기 시작하며 시가총액을 끌어올리는 동안, 한국의 AI 벤처들은 규모의 열위, 자본력, 생태계 연결성 등 다면적인 한계에 가로막혀 있습니다. 결국 이는 글로벌 자본의 진입조차 어려운 구조적 취약성으로 이어지고 있으며, 국내 AI 생태계 전반의 수익성과 지속가능성에 대한 질문으로 연결됩니다.

AI 산업이 전통 제조업을 대체해나갈 이 시점에서, 한국은 '제조 중심의 하드웨어 강국'으로만 머물러도 괜찮은가라는 물음이 제기됩니다. 삼성전자와 SK하이닉스 이후, AI 응용, 플랫폼, 서비스 레벨에서 한국이 주도권을 가져갈 수 있는가? 이 질문에 대한 답은 앞으로의 산업 전략, 규제 체계, 민간-공공 협력 구조, 자본시장과의 연계 속에서 만들어질 것입니다.

인공지능AI이 단순한 기술 혁신을 넘어 산업 전반의 구조를 '근본적으로 변화'시키고 있음에 주목해야 합니다. AI가 등장하기 전과 후의 산업은 '속도', '효율성', '혁신' 면에서 비교할 수 없을 정도로 달라졌습니다.

첫째, 산업구조 변화의 핵심은 자동화와 데이터 활용의 극대화입니다. AI는 반복적이고 복잡한 작업을 빠르고 정확하게 처리할 뿐 아니라, 빅데이터 분석을 통해 새로운 인사이트와 예측 능력을 제공합니다. 이는 제조업, 금융, 의료, 물류, 유통 등 거의 모든 산업 분야에서 생산성과 경쟁력 향상을 가능하게 했습니다.

둘째, AI 도입으로 산업 간 경계가 허물어지고 융합이 가속화되고 있습니다. 예를 들어, 제조업은 AI를 활용해 스마트 공장을 구현하고, 금융은 AI 기반 투자 알고리즘과 맞춤형 자산관리를 통해 새로운 서비스 모델을 만들어내고 있습니다. 또한, AI 플랫폼을 가진 기업들이 여러 산업 영역을 아우르는 '생태계' 경쟁에 나서고 있어, 투자자로서도 '플랫폼 기업'과 '데이터 경제'를 주목해야 하는 이유입니다.

셋째, 투자전략 측면에서는 전통적인 가치평가 방법론만으로는 AI 시대를 제대로 반영하기 어렵습니다. AI 관련 기업은 초기에는 수익보다 기술과 성장성에 집중하는 경우가 많아, 매출 대비 이익률이나 현금흐름만으로 판단하면 기회를 놓칠 수 있습니다. 따라서 AI 산업에 투자할 때는 '기술력', '데이터 확보 능력', '생태계 확장력' 같은 정성적 요소와 미래 성장 잠재력을 함께 고려해야 합니다.

마지막으로, AI가 빠르게 발전하는 만큼 투자 포트폴리오도 유연하고 신속한 대응이 필수입니다. AI 관련 신생 기업과 기존 대형 기업이 경쟁하는 구조에서, '장기 투자와 단기 트렌드 활용을 병행'하는 전략이 효과적입니다. 또한, AI가 적용되는 다양한 산업군별로 분산 투자하는 것도 위기관리에 중요합니다.

AI는 산업구조를 근본적으로 바꾸고 있으며, 투자자들은 기술 성장뿐 아니라 산업 융합과 생태계 확장, 그리고 정성적 평가까지 아우르는 다각적인 시각으로 접근해야 합니다. AI 시대, '기술' 그 자체뿐 아니라 '기술이 만들어내는 가치와 구조 변화'에 주목하는 투자가 성공의 열쇠가 될 것입니다.

✓ AI가 바꾸는 세상에서 기회는 준비된 자의 몫이다.
✓ 산업구조의 혁신을 읽는 눈, 투자 성공의 첫걸음이다.

플랫폼 기업, 가치평가의 새로운 기준

"네이버와 카카오, 지금의 기업가치는 어떻게 평가해야 할까?"
"정부가 AI를 밀어준다는데… 이제 사도 되는 걸까?"

대통령 직속 초대 AI 수석으로 임명된 하정우 국내 첫 거대언어모델LLM인 '하이퍼클로버X'를 총괄한 네이버의 AI 개발 책임자가 검색포털 1위를 차지하며 AI 시장의 뜨거운 관심을 증명하고 있습니다. '배우 하정우'를 넘어선 검색량은, 단순한 인물 임명이 아닌 정책 신호로서의 무게를 반영합니다.

AI 수석 임명을 기점으로, 네이버·카카오를 비롯한 국내 대표 AI 관련주들의 주가가 연일 강세를 이어갔습니다. LG CNS, 삼성 SDS 등 이른바 'AI 정책 수혜주'들도 동반 상승 했으며, 시장은 지금껏 보지 못했던 방식으로 밸류에이션 프리미엄을 붙였습니다.

플랫폼 기업의 가치평가 방식은 AI 기술의 진화와 데이터 경제의 부상으로 큰 전환점을 맞고 있습니다. 과거에는 매출, 영업이익 등 재무 지표가 주요 평가 기준이었지만, 이제는 '사용자 기반의 규모와 충성도, 데이터 활용 능력, 그리고 네트워크 효과'가 더 중요한 가치 요소로 부상하고 있습니다.

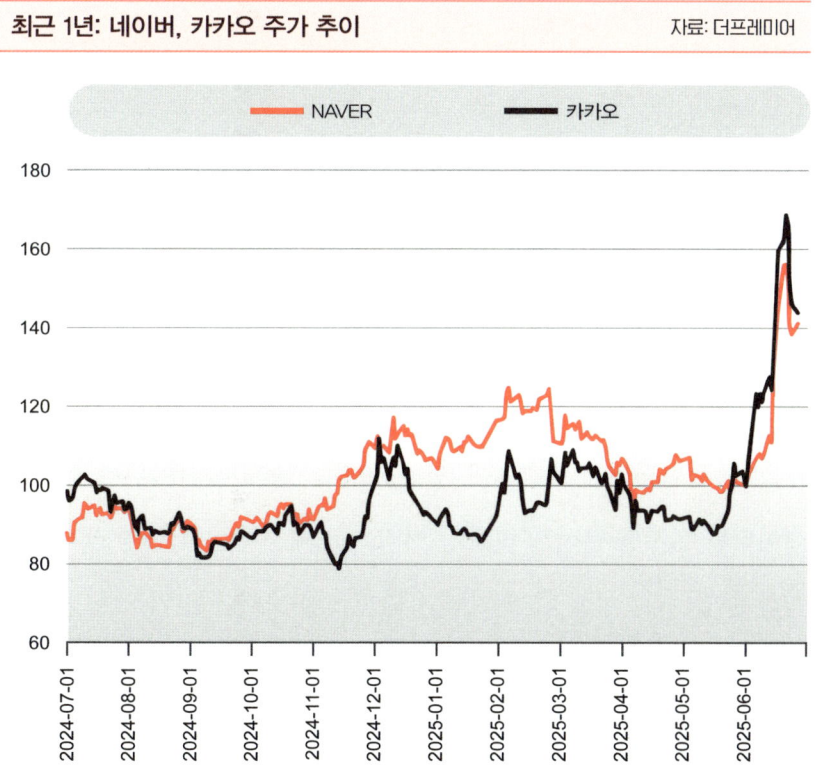

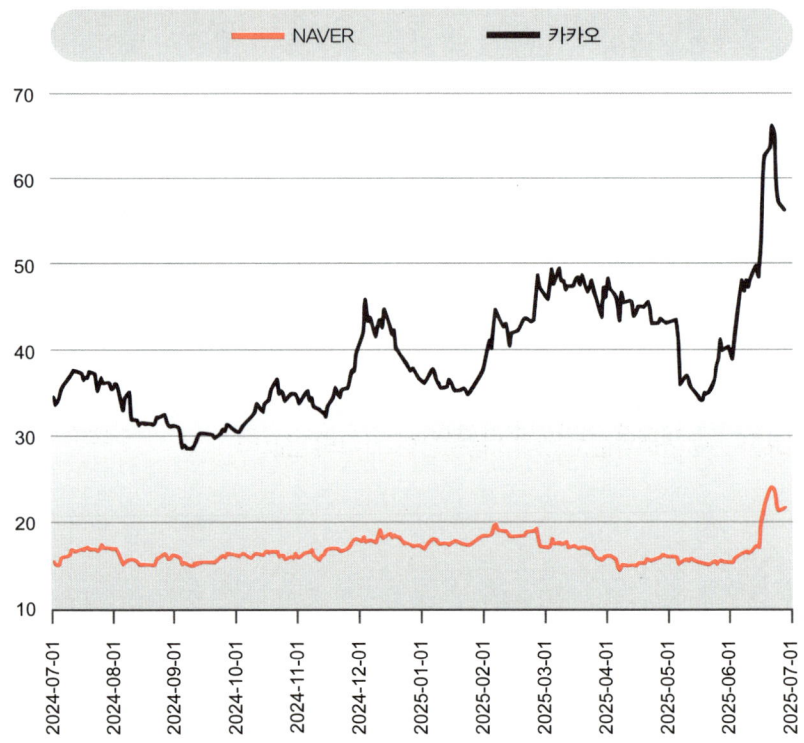

AI가 결합되면서 플랫폼은 단순한 정보 중개자가 아니라, 방대한 데이터를 실시간 분석해 맞춤형 서비스를 제공하는 '지능형 생태계'로 진화 중입니다. 이에 따라 기업의 단기 실적보다는 장기적 성장 가능성과 데이터 독점력, 알고리즘의 우수성 등 지속 가능한 경쟁력에 더 높은 가치를 부여하는 평가 방식이 확산되고 있습니다.

실제로 네이버는 검색과 쇼핑, 금융에 AI를 접목하며 추천 알고리즘을 고도화했고, 카카오는 방대한 사용자 데이터를 기반으로 금융과 광고 분야에서 부가가치를 창출하고 있습니다. 쿠팡은 물류·배송 데이터를 분석해 고객 맞춤형 서비스를 제공하고 있으며, 글로벌 사례인 넷플릭스도 시청 데이터를 기반으로 한 추천 시스템을 통해 높은 고객 만족도를 유지하고 있습니다.

이러한 변화는 플랫폼 기업의 가치를 단순 숫자가 아닌 '데이터+AI'의 관점에서 평가해야 한다는 점을 시사합니다. 결국 미래의 유망 플랫폼 기업은 사용자 데이터를 얼마나 정교하게 활용하고, AI 기술로 어떤 차별화된 서비스를 만들어내느냐에 따라 결정될 것입니다.

✔ 플랫폼의 가치는 숫자가 아니라 데이터와 알고리즘에서 나온다.
✔ AI 시대, 플랫폼 기업은 '지능형 생태계'로 진화 중이다.

📈 데이터는 디지털 금광이다: 자산의 정의가 바뀐다

"데이터는 자산인가 비용인가?"

선뜻 대답하기 힘든 질문입니다. 무형자산의 정의와 회계기준의 한계로 데이터가 회계 장부에는 잡히지 않지만, 기업가치를 결정하는 실질 자산이라는 인식이 확산하면서 생겨난 의문이기도 합니다. 기업가치의 새로운 지표로서 '데이터 총량'과 '활용도'를 고려할 수 있는 때가 이미 도래한 상황입니다. 미국 빅테크 플랫폼 기업의 '데이터 독점 → 밸류에이션 프리미엄' 구조가 정당화된 이유이기도 합니다.

AI와 디지털 기술이 주도하는 시대에 들어서며, 데이터는 더 이상 부수적인 자원이 아닙니다. 이제 데이터 자체가 기업의 핵심 자산이자 경쟁력이 되는 시대, 바로 '데이터 경제Data Economy'가 도래한 것입니다.

예전에는 땅, 자본, 인력이 기업의 성장 동력이었다면, 이제는 양질의 데이터를 얼마나 많이 보유하고, 어떻게 활용하느냐가 기업의 가치를 좌우합니다. 이는 특히 AI와 연결되며 더욱 강력한 힘을 발휘합니다. AI 알고리즘이 제대로 작동하려면 양뿐 아니라 질 높은 데이터가 필요하고, 이를 꾸준히 생산·축적할 수 있는 기업이 시장에서 우위를 점하게 됩니다.

대표적으로 네이버, 카카오, 쿠팡처럼 사용자의 검색, 소비, 이동, 결제 등의 행위에서 생성되는 '비정형 데이터'는 AI를 훈련하고 정교하게 만드는 원천입니다. 데이터는 AI의 연료이자, 플랫폼의 무기입니다. 누가 데이터를 더 많이, 더 똑똑하게 사용할 수 있는가가 기업 간 승패를 가르는 기준이 되고 있습니다.

또한 데이터는 단순 보유를 넘어, 분석력과 연결력이 중요해지고 있습니다. 예를 들어 고객 행동 데이터를 분석해 맞춤형 금융상품을 추천하거나, 배송 데이터를 활용해 물류 효율을 극대화하는 전략이 차별화된 수익 구조로 이어지고 있습니다.

이처럼 데이터는 보이지 않는 무형자산이자, 장기 수익을 창출하는 '디지털 금광'입니다. 기업들은 이를 지키기 위해 보안에 투자하고, 정부는 데이터 산업을 육성하기 위한 제도적 뒷받침에 나서고 있습니다.

앞으로 투자자는 단순히 '무슨 사업을 하는가'보다, '어떤 데이터를 가지고 있고, 그 데이터를 어떻게 쓰는가'에 주목해야 합니다. 데이터는 이제 시대를 바꾸는 진짜 자산입니다.

> ✓ 데이터는 더 이상 부산물이 아니라, 기업가치를 결정짓는 핵심 자산이다.
> ✓ AI 시대, 데이터를 지배하는 자가 시장을 지배한다.

한국판 Big Tech, 화끈하게 키워주자

"AI 분야에서 정부 수요를 늘려 판을 키워 주십시오."

이재명 대통령과 회의 자리에서 NAVER를 비롯한 주요 기업 대표들이 요청한 내용입니다. 이는 한국판 Big Tech를 키우려면 단순한 기업 지원을 넘어서 산업 생태계 전반에 걸친 '인력·자본·인프라·수요' 네 가지 축이 균형 있게 뒷받침되어야 함을 의미합니다. 특히 AI, 반도체, 데이터센터, 전력 등 첨단 기술 산업의 경쟁력은 바로 이 네 가지 요소Resources가 얼마나 잘 맞물리느냐에 달려 있습니다.

첫째, 인재 확보와 육성이 중요합니다. 한국이 글로벌 AI와 반도체 시장에서 경쟁력을 가지려면 '최고 수준의 인재'를 확보하는 것이 우선입니다. 이를 위해 먼저 대학과 기업, 정부가 협력하여 AI 및 반도체 전문 인력 양성에 특화된 기관에서는 석 박사급 인재를 집중적으로 배출하며, 실무 중심 커리큘럼과 산학 연계 프로젝트를 확대해야 합니다. 또한 해외 유능 인재 유치를 위한 비자 제도와 세제 인센티브도 강화해야 합니다. AI 선진 기업 출신 인재가 국내 기업에 합류할 수 있도록 체계적인 지원책이 절실합니다. 미국에서 귀국해 국가 경쟁력 확보에 열심인 중국의 예를 타산지석으로 삼아야 합니다. 공공 연구기관 출신 우수 인력을 민간 기업으로 자연스럽게 이관시키는 채용 시스템도 마련해야 합니다.

둘째, 자본 조달과 투자 확대가 중요합니다. AI와 반도체 분야는 초기 투자 규모가 매우 크고, 위험 부담도 큽니다. 따라서 국가 주도의 'K-기술 주권 펀드' 조성이 필요합니다. 이렇게 조성된 수조 원에서 수십조 원의 자금을 HBM(고대역폭 메모리), AI 반도체, LLM(대형 언어 모델) 등 첨단 딥테크 분야에 우선하여 집중적으로 투자하는 형태가 적합합니다. 요즘은 투자 규모가 일단 천문학적이기 때문에, 찔끔찔끔 지원하는 것으로는 언 발에 오줌 누기 격입니다.

더불어 코스닥 시장에서 기술특례 상장 요건을 완화하고, AI 및 반도체 IP 기업에 대해 법인세 감면 등 세제 혜택도 확대하는 정책이 필요합니다.

셋째, 인프라 구축과 지원이 필요합니다. 첨단 AI 서비스와 반도체 제조에는 데이터센터와 전력 인프라가 핵심입니다. 정부는 데이터센터 집적지를 지정해 인허가 특례를 적용하고 전력 공급을 안정화해야 합니다. 데이터센터에 필요한 고속 통신망 확충도 시급히 병행해야 합니다.

또한 삼성전자와 SK하이닉스 등 국내 반도체 기업이 AI용 HBM3 이상 첨단 메모리를 안정적으로 확보할 수 있도록 전략물자 지정 및 정부 차원의 공급망 협약 체결이 필요합니다. 이를 통해 반도체 공급망 위험을 최소화할 수 있습니다.

마지막으로, 정부 수요 창출과 생태계 활성화가 시급합니다. 기술 생태계의 판을 키우는 데는 정부가 적극적으로 나서야 합니다. 우선 공공 부문 AI 도입 의무화를 추진해 행정, 복지, 법무 분야에 AI 활용을 확대하고, 부처별 AI 도입 성과 지표를 마련해야 합니다.

또한, 정부 규제 정책도 재설계할 필요가 있습니다. 현재 네이버, 카카오 등 일부 기업에 과도하게 집중된 규제는 산업 혁신을 저해할 우려가 있습니다. 성장 중심의 규제 환경으로 전환해, 혁신기업이 안심하고 도전할 수 있는 생태계를 조성해야 합니다.

또한 삼성, SK하이닉스, 네이버, 카카오, KT 등 대기업과 플랫폼 기업을 연결하는 국가 차원의 AI·반도체 전략 컨소시엄을 구성해 공동 표준, API, 데이터 세트, AI 칩 개발 등에서 협력할 수 있는 기반을 마련하는 것도 중요합니다.

한국판 Big Tech는 AI와 반도체, 데이터센터라는 '삼각 축' 위에 세워져야 합니다. 이를 위해 인재를 집중적으로 양성하고, 대규모 자본을 조달하며, 전력과 통신 인프라를 완비하고, 정부가 적극적으로 수요를 창출하는 생태계 조성이 필수적입니다. 정부와 기업이 힘을 합쳐 이 네 가지 축을 튼튼히 세울 때, 비로소 대한민국은 글로벌 AI·반도체 혁신의 선두 국가로 도약할 수 있습니다.

> ✓ 인재를 모으고, 전력을 꽂고, 정부가 수요를 만들어야 기술 국가가 된다.

2부
K-증시, 새로운 지평을 열다

2025년, 오랜 기간 글로벌 투자자들의 관심 밖에 머물렀던 한국 증시가 다시금 주목받고 있습니다. 경기 둔화와 지정학적 리스크, 그리고 '코리아 디스카운트'라는 꼬리표를 떨쳐내고, 한국 증시는 이제 '글로벌 다크호스'에서 '메인 플레이어'로 진화하고 있습니다.

특히 SK하이닉스와 같은 대형 기술주는 AI 반도체 수요 확대와 반도체 경기 회복을 기반으로 실적 반등에 성공했습니다. 조선, 방산 등 전통산업과 신성장 동력 분야 역시 경쟁력을 강화하며 시장 전반에 걸친 체질 개선이 뚜렷하게 나타나고 있습니다. 더불어 K-Pop과 K-음식 등 한국의 문화 콘텐츠가 세계 곳곳에서 확산하며, 한국경제에 대한 긍정적 이미지를 한층 더 끌어올리고 있습니다.

오랜 기간 소외당하던 한국 주식에 대한 외국인 투자자들의 대규모 매수세는 단순한 투기적 관심을 넘어, 펀더멘털 개선과 구조적 변화에 대한 신뢰 회복을 명확히 보여주는 신호입니다.

미·중 패권 경쟁이 심화되는 가운데, 반도체 경기 회복과 조선·방산 부문의 특수, 그리고 한류 문화 확산은 한국 증시에 강력한 성장 동력을 제공하고 있습니다. 이러한 변화는 이른바 K-증시가 지역을 넘어 아시아는 물론 세계 시장에서 '국면 전환 요소Game Changer'로 자리 매김할 가능성을 크게 높이고 있습니다.

한국 증시는 더 이상 숨은 다크호스가 아닙니다. 탄탄한 성장 잠재력과 투자 매력을 갖춘 글로벌 '메인 플레이어'로 거듭나고 있습니다. 이 기회를 잡는 자만이 변화의 물결을 타고 미래를 선도할 것입니다. 지금이 바로 그 순간입니다.

✓ 한국 증시는 이제 '다크호스'가 아니라 '메인 플레이어' 중의 하나로 진화할 것이다.
✓ 지금이 그 물결에 올라탈 때이다.

5장 | 코스피 3,000 시대의 문을 두드리다

2,650~2,700선 돌파, 의미 있는 첫 관문

"2,600선 회복, 불과 몇 달 전만 해도 믿기 어려웠습니다."

지금이야 코스피가 3,000선을 넘어서며 강세장의 정점을 논하고 있지만, 되돌아보면 불과 두 달 전만 해도 2,600포인트조차 '넘을 수 있을까' 싶은 벽처럼 느껴졌던 시기가 있었습니다.

그 당시 시장은 연일 불안정했고, 글로벌 변수에 민감하게 반응하며 투자 심리는 위축돼 있었습니다. 많은 투자자가 하락 추세에 지쳐 있었고, 반등에 대한 기대조차 희미해졌던 순간이었습니다.

하지만 지금, 우리는 그 벽을 넘었을 뿐만 아니라 심리적 저항선이었던 3,000선까지 회복한 증시를 바라보고 있습니다. 이 변화는 단순한 수치의 반등이 아닌, 시장 전체의 방향성과 기조가 바뀌고 있다는 신호일 수 있습니다. 2023~2024년을 지나며 여러 차례 저항선으로 작용했던 이 구간을 넘어서면서, 증시는 한 단계 더 높은 레벨로 올라설 준비를 마쳤다고 볼 수 있습니다.

이 구간 돌파는 실적과 펀더멘털에 기반한 '확실한 상승'이라는 점에서 중요합니다. SK하이닉스와 삼성전자 같은 대형 반도체 기업이 견인차 구실을 하면서, 연기금과 더불어 외국인 투자자들의 매수세가 강해지고 있습니다. 외국인들이 대규모 자금을 투입하며 시장에 신뢰를 보내고 있다는 뜻이기도 합니다.

과거에도 이 구간을 뚫지 못하고 조정 국면에 접어들었던 사례가 많았기에, 이번에는 그 벽을 넘었다는 사실이 투자 심리 개선에 큰 영향을 미칩니다. 여타의 국내 기관 투자자들도 점차 적극적인 매수로 돌아서고 있어, 시장의 수급 균형이 안정되는 모양새입니다.

코스피가 2,650~2,700선은 투자자들에게 '안전지대'가 되는 동시에, 다음 목표치인 2,900~3,000선 도달을 위한 발판이 됐습니다.

✓ 첫 관문 통과는 늘 설렘과 긴장이 공존하는 순간입니다.
✓ 이제 진짜 상승 랠리의 시작일 수 있습니다.

국내 증시 재편의 신호

"금투세 논란, 사실 불과 1년도 안 된 일입니다."

'된다, 안 된다'를 오가며 말도 많고 탈도 많았던 금투세(금융투자소득세) 논쟁. 지금은 제도적 불확실성이 해소된 듯 보이지만, 돌이켜보면 그 혼란이 정리된 지 채 1년도 지나지 않았습니다. 2024년 4분기, 거대 야당이던 민주당이 입법 주도권을 쥐고는 있었지만 금투세 폐지와 관련해 시장에서는 뚜렷한 기대를 갖기 어려웠습니다. 코스피가 2,650~2,700선을 넘는 것조차 낙관할 수 없던 시기였습니다.

하지만, 2025년 6월 3일 대통령 선거를 기점으로 외국인 자금이 본격 유입되기 시작하면서 상법 개정 등 잇따른 제도 변화가 한국 증시의 체질을 바꾸는 계기가 되고 있습니다.

과거에는 정책 불확실성과 제도 리스크로 인해 국장은 늘 외면받는 시장으로 여겨졌지만, 이제는 정책 의지와 법적 인프라가 시장을 받치는 구조로 전환 중입니다. 투자자들이 진심으로 돌아오느냐는 질문에 대한 해답은, 바로 지금 우리가 3,000선을 넘어선 코스피 지수와 회복된 시장 신뢰 속에서 이미 그 일부를 보고 있는 셈입니다.

국장은 이제 더 이상 '지질한 시장'이 아닙니다.

코스피가 2,650~2,700선을 넘어선 흐름은 단순한 지수 상승을 넘어 한국 증시 구조 자체의 변화를 예고하는 신호로 해석됩니다. 이 변화는 특정 종목이나 섹터에 국한되지 않고, 시장 전반에 걸쳐 새로운 투자 트렌드와 자본 배분의 재편을 의미합니다.

첫째, 대형 기술주 중심의 성장에서 벗어나 지주사, 저PBR 종목, 그리고 가치주로의 관심이 분산되는 양상이 뚜렷해지고 있습니다. 이는 기존 '성장주 편중' 투자에서 벗어나, 상대적으로 저평가되었던 자산가치 기반 종목들이 재조명받기 시작한 결과입니다. 지주사들은 계열사 가치를 시장에 제대로 반영하지 못했던 구조적 한계를 극복하며, 외국인과 기관 투자자들의 집중 매수를 이끌고 있습니다.

둘째, 외국인 투자자들의 매수 패턴에도 변화가 감지됩니다. 과거 특정 대형 IT 기업에 국한되던 매수세가 점차 넓은 섹터로 확산하면서, 시장의 투자 밸런스가 한층 건강해지고 있다는 평가입니다. 특히 SK하이닉스 등 반도체 대표주식뿐 아니라, 배당 매력이 높은 금융주와 증권주, 그리고 기업지배구조 개선이 기대되는 회사들에도 관심이 커지고 있습니다.

셋째, 이런 변화는 국내 증시에 대한 투자자들의 신뢰 회복과 미래 성장에 대한 기대가 결합된 결과이기도 합니다. 그간 한국 증시는 세계 시장 대비 저평가와 코리아 디스카운트로 어려움을 겪었으나, 기업실적 개선과 구조개혁, 그리고 정책적 지원이 맞물리면서 시장 체질이 개선되고 있습니다.

결과적으로, 코스피의 2,700선 돌파는 단순한 숫자 이상의 의미를 갖습니다. 이는 한국 증시가 '재편' 국면에 진입했음을 알리는 신호탄으로, 앞으로 투자자들의 포트폴리오 다변화와 질적 성장에 기반한 지속 가능한 상승세를 기대할 수 있는 전환점입니다.

✓ 코스피 2,700선 돌파는 단순한 숫자 이상의 의미다.
✓ 한국 증시의 재편과 성장의 새로운 시대가 지금 시작되고 있다.

📈 주가 재평가(Rerating) 아이디어 찾기: 시장의 변화된 눈

"한국은 늘 저평가돼 있었지만… 지금은 달라지고 있다."

한국 주식시장은 지난 30여 년간, '저평가'가 일상이었던 시장이었습니다. 세계 주요 시장과 비교할 때, 코리아 디스카운트Korea Discount는 마치 고유명사처럼 따라붙었고, 실제로 글로벌 투자자들이 기피하는 이유를 굳이 찾지 않아도 되는 시장으로 여겨져 왔습니다.

과거에는 북핵 리스크, 지정학적 불안정성이 주요 원인이었다면, 최근의 코리아 디스카운트는 후진적인 기업지배구조와 낮은 주주환원율에 대한 '시장 스스로의 응징'이었습니다.

그러나 2025년 5~6월을 전후로 분위기가 눈에 띄게 달라지고 있습니다. 평가절하Derating의 강도는 뚜렷하게 약화되고 있으며, 한국 증시에 대한 국내외 투자자들의 시선도 극적으로 바뀌고 있습니다.

이제 시장은 묻기 시작합니다. "한국은 여전히 저평가돼 있는가, 아니면 지금 재평가Rerating로 향하고 있는가?"

2025년 현재 국내 증시는 '주가 재평가'라는 키워드에 주목하고 있습니다. 이는 단순히 단기 실적 개선이 아닌, 기업의 구조적 변화나 시장 환경의 변화에 따라 평가 기준(PER, PBR 등) 자체가 상향 조정되는 현상을 의미합니다. 과거 저평가 상태로 방치됐던 종목들이 새로운 성장 논리, 지배구조 개편, 수익성 개선, 글로벌 사업 확대 등을 통해 재조명받으며 시장에서 높은 밸류에이션을 부여받는 흐름입니다.

최근 시장은 단기 모멘텀보다 중장기적인 변화와 내재가치의 재평가 가능성에 집중하고 있습니다. 예컨대, 인공지능AI 반도체 호황에 힘입어 SK하이닉스는 단순한 반도체 기업을 넘어 'AI Chip의 선도기업 중의 하나'로 재평가되고 있습니다. 이는 외국인 매수세 유입과 함께 밸류에이션 상승으로 이어지며, 주가를 한 단계 끌어올렸습니다.

이러한 Rerating 흐름은 특정 업종에 국한되지 않습니다. 지주회사, 저PBR 금융주, 자산가치 대비 저평가된 기업들도 구조적인 변화와 배당 확대, 비핵심 자산 정리 등의 시대적·사회적 이슈와 맞물리며 다시 주목받고 있습니다. 단순히 싸다고 사는 것이 아닌, '싸면서도 바뀌고 있는 기업'에 대한 시장의 관심이 집중되는 것입니다.

결국 지금의 시장은 정체된 저성장 국면을 돌파할 수 있는 기업, 그리고 과거와 다른 미래를 보여줄 수 있는 기업에 점수를 주고 있습니다. 주가 재평가 현상은 일회성 이벤트가 아닌 시장 체질 변화와 투자자 시각의 전환이 만들어낸 구조적 트렌드인 만큼, 이 흐름을 제대로 이해하고 선별하는 것이 중요한 시점입니다.

> ✓ 시장은 늘 한발 앞서 움직이며, 지금은 그 방향이 '재평가'로 향하고 있다.
> ✓ 진정한 기회는 '새로운 성장'이 아니라, '잊힌 가치'의 복귀에서 시작될 수 있다.

PER 10배와 PBR 1.0배의 의미

"지난 15년간 우리 시장의 평균 PBR은 1.0배 수준이었습니다."

이는 필자가 방송 출연 때마다 수없이 강조해온 핵심 지표입니다. 2025년 현재 우리 기업들의 예상 ROE(자기자본이익률)를 감안할 때, 코스피는 선행 PBR 기준 최소 0.9배 이상에 위치해야 정상입니다. 이를 코스피 지수로 환산하면, 최소한 2,900~3,000포인트 수준은 되어야 한다는 것이 필자의 일관된 주장이었습니다.

단순한 밸류에이션 논리뿐 아니라, 최근 2년간 주변국과의 주가지수 성과를 비교해 봐도 이미 한국 증시가 2,900~3,000 언저리에 가 있어야 한다는 정량적 근거는 충분했습니다.

그런데도 2025년 1분기까지만 해도 시장은 이익을 내는 기업조차 제자리걸음하는 주가 흐름을 보였고, 그 안에는 분명히 시장이 간과하고 있는 '기회'가 숨어 있었습니다. 바로 그 지점에서, 필자는 시장에 메시지를 던졌던 것입니다.

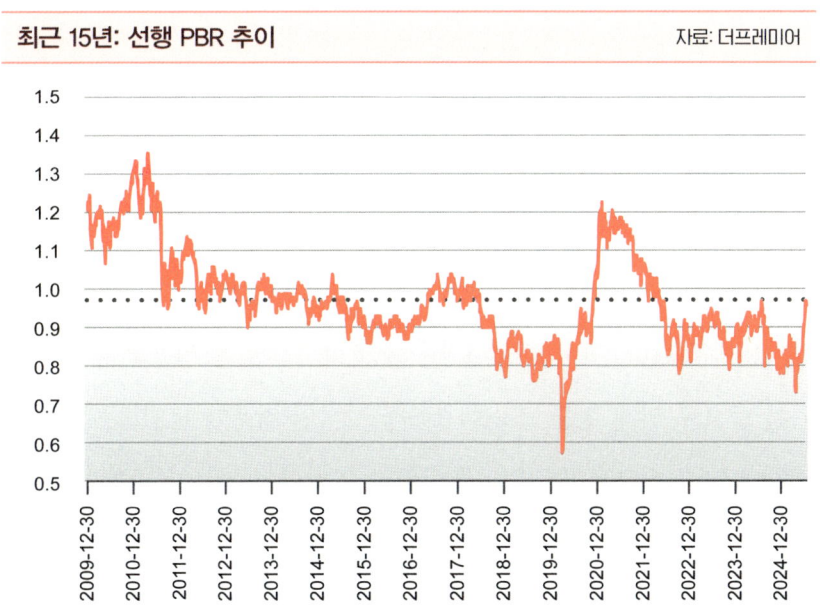

"우리는 지금, 저평가라는 이름 아래 숨겨진 '재평가의 출발점'에 서 있습니다."

PBR(주가순자산비율) 1.0배는 기업의 시가총액이 장부상 가치와 같다는 뜻입니다. 한국 주식시장은 구조적으로 낮은 ROE와 지배구조 위험 등으로 인해 평균 PBR이 1.0배 이하인 경우가 많았고, 특히 전통 제조업이나 금융업은 0.5배 이하로 거래되는 경우가 많았습니다.

반면, PER(주가수익비율) 10배는 기업의 시가총액이 연간 순이익의 10배임을 의미합니다. PER 10배 이하는 해당 기업이 이익은 내지만 시장에서 그 성장성과 미래 가치에 대해 투자자가 보수적으로 보고 있다는 신호입니다. 지난 15년간 KOSPI의 선행 PER의 평균이 10배 정도라는 점을 고려하면, PER 10배 이하는 분명히 저평가 수준으로 간주해야 합니다. 철강, 화학 같은 경기 민감 업종Cyclical에서 자주 보입니다.

특정 기업이 PER 10배와 PBR 1.0배 이하로 형성된다는 것은 해당 기업이 자산도 있고 이익도 내지만, 시장에서 '저성장 혹은 위험 요인을 크게 본다'라는 뜻입니다.

하지만 ROE 10% 수준에 해당하는 기업들은 이익 대비 자본 효율성이 나쁘지 않다는 의미로 해석될 수 있습니다. 따라서 이 구간은 주가가 바닥권에 근접해 있을 가능성이 크고, 밸류 재평가의 기회가 존재했습니다. 실제로 한국 증시는 과거 위기 국면(PER 6~7배, PBR 0.8배 이하)에서 강한 반등을 보였으며, 반도체·자동차 등 일부 업종은 이익 회복기에 심지어 고PER 수준으로 재평가되기도 했습니다.

2025년은 글로벌 금리 인하 사이클 전환과 함께 한국 시장의 저평가 구조가 재조명될 수 있는 해입니다. 특히 PER 10배 이하, PBR 1.0배 수준에 머무는 가치주는 배당 확대, 자사주 소각, ROE 개선 등의 촉매를 통해 시장 재평가 가능성이 있으며, 이 구간에 있는 종목군은 향후 상승장에서 가장 높은 알파aplha를 제공할 수 있습니다.

PER과 PBR은 단순한 숫자가 아니라 시장이 해당 기업의 수익성과 자산가치를 어떻게 바라보는지를 압축적으로 보여주는 잣대인 만큼, 이를 저평가 국면에서 전략적으로 활용하는 것이 중요합니다.

✓ 이익은 내는데 주가는 제자리? 시장이 놓친 기회는 숫자에 있다.
✓ PER 10, PBR 1은 숫자가 아닌 신호다. 시장은 결국 이 가치를 따라잡는다.

외국인, 하이닉스에 집중한 까닭

"SK하이닉스에 주목해야 합니다!"

지난 1년간 반도체 업종과 한국 증시에 관한 질문을 받을 때마다, 필자의 대답은 한결같았습니다. "SK하이닉스를 가장 먼저 봐야 합니다."

과거 SK하이닉스는 실적 변동성이 크고, 업황에 민감한 대표적인 경기순환주로 평가받았습니다. 안정성과는 거리가 있다는 인식이 지배적이었습니다. 하지만 최근의 SK하이닉스는 과거와는 완전히 다른 기업으로 탈바꿈하고 있습니다. 고성능 메모리 중심의 구조 개편, AI 시대의 핵심 공급자라는 새로운 위상은 이 회사를 전혀 다른 차원으로 끌어올리고 있습니다. 필자의 고향인 청주에서 SK하이닉스가 지역 경제의 중심축 역할을 하는 만큼, 변화의 체감은 더욱 뚜렷합니다.

2025년과 2026년 예상치를 기준으로 SK하이닉스의 ROE는 업계 최고 수준인 27~34%에 달하며, 영업이익률도 40% 초중반 수준을 보일 것으로 전망되고 있습니다. 이런 수치에도 불구하고, 시장은 이 기업에 '상대적 저평가'라는 낡은 라벨을 붙인 채 과거의 시선에 머물러 있었던 겁니다.

지금 필요한 건, SK하이닉스를 과거의 사이클 기업이 아니라, AI 시대의 핵심 인프라를 지배하는 전략자산으로 바라보는 프레임의 전환입니다.

SK하이닉스는 한국 증시에서 외국인 투자자들이 가장 주목하는 종목 중 하나입니다. 반도체 산업은 세계 경기 사이클과 밀접하게 연동되어 있으며, SK하이닉스는 그 중심에 서 있습니다. 최근 외국인들의 집중 매수는 단순한 기대감 이상의 의미를 담고 있습니다.

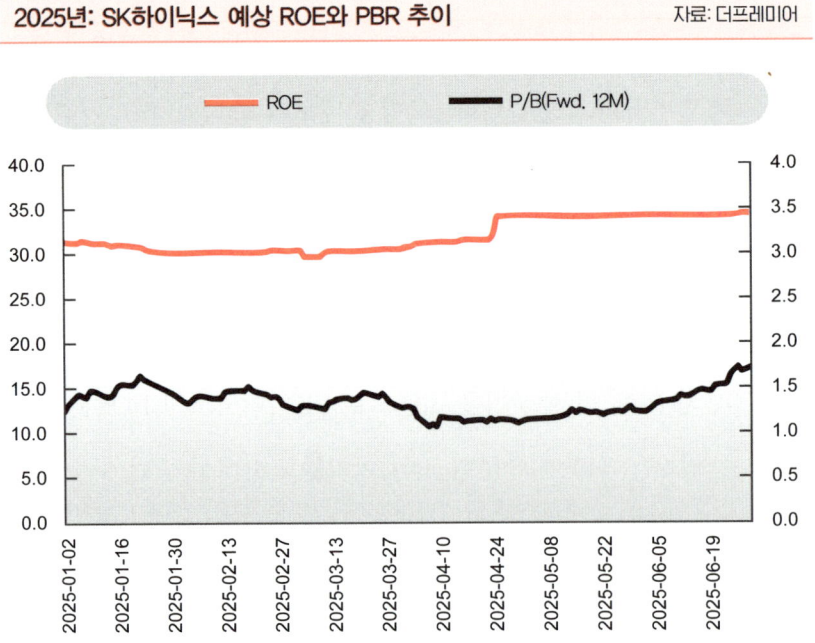

첫째, 반도체 업황 회복 신호가 뚜렷해지고 있습니다. 메모리 반도체 가격이 반등하면서 기업들의 실적 전망이 개선됐고, 이는 투자자들의 신뢰를 높였습니다. SK하이닉스의 기술 경쟁력과 생산능력 확장 계획도 긍정적으로 평가받고 있습니다.

둘째, 글로벌 공급망 재편과 AI 수요 급증이 반도체 수요를 견인하고 있습니다. 이는 장기적 성장 동력으로 작용해 HBM 시장에서 '절대강자로 자리매김'한 SK하이닉스의 미래 가치를 높이고 있습니다.

셋째, 원화 강세와 환율 안정도 외국인 투자자 유입에 긍정적 영향을 미쳤습니다. 환차손 위험이 줄어들면서 대규모 투자에 부담이 낮아졌기 때문입니다.

마지막으로, 한국 정부의 반도체 산업 육성 정책도 투자 심리를 북돋우는 요인입니다. 세제 혜택과 연구개발 지원 등 다양한 지원책이 지속되고 있어, 기업의 성장 가능성에 대한 믿음을 더하고 있습니다.

이러한 이유로 SK하이닉스는 외국인 투자자들이 '안전판'으로 삼는 종목이 되고 있습니다. 외국인 매수세가 강해질수록 한국 증시 전반에 긍정적인 영향이 파급될 가능성이 큽니다.

결과적으로 SK하이닉스의 시가총액이 코스피 전체에서 차지하는 비중이 7.7% 수준으로 급상승하여, 삼성전자와의 격차를 6.7%P로 줄였습니다. 즉, 예전에는 삼성전자 대비 20% 불과했던 SK하이닉스의 시가총액이 이제는 약 53% 수준으로 올라온 것입니다.

- ✓ 한 기업의 움직임이 시장 전체의 향방을 바꾸는 순간이다.
- ✓ 외국인 투자자들의 집중 매수는 곧 시장의 강력한 신뢰이자, 미래 성장의 신호탄이다.

증권주 강세: 구조적 변화의 징조

"시장의 반등이 임박했습니다. 강세장을 믿는다면 증권주를 보셔야 합니다."

2025년 4월, 대체거래소 NTX 출범을 앞둔 시점에서 필자는 아침 방송을 통해 분명히 언급했습니다. "거래가 살아나면, 가장 먼저 반응할 섹터는 증권주입니다."

시장 거래대금이 증가하면 수수료 기반 수익모델을 가진 증권주는 필연적으로 수혜를 입게 되어 있습니다. 실제로 코스피가 반등을 시작하자, 증권주는 강하게 날아올랐고, 증권사에서 제시한 목표주가조차 가볍게 돌파하며 상승 랠리를 이어갔습니다.

그 순간 필자는 다시 한 번 강조했습니다.

"지금 증권주를 파시면 너무 이를 겁니다. 이제부터는 '멀티플 상승'이 본격적으로 반영되기 시작할 겁니다."

2025년 증권주가 다시 주목받고 있습니다. 코스피가 3,000선을 넘어 3,200을 향해가는 흐름 속에서, 전통적인 지수 민감 업종인 증권주에 대한 시장의 시선이 예사롭지 않습니다. 이는 단순한 '트레이딩 수혜

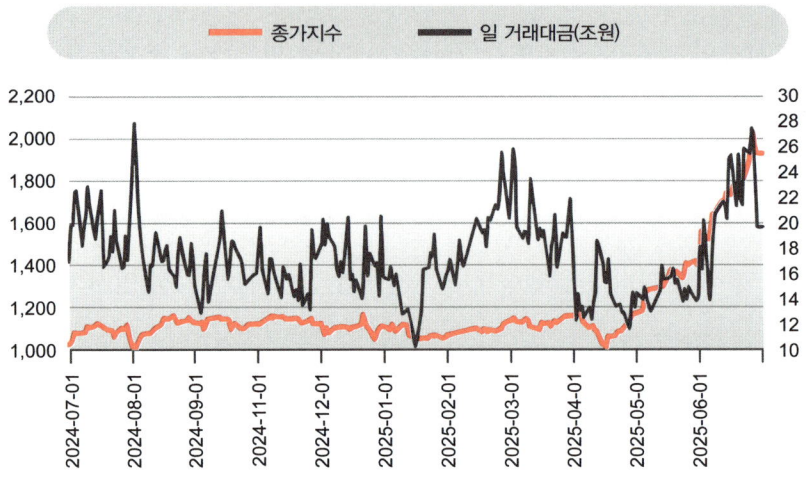

주'라는 의미를 넘어, 한국 자본시장 구조 전반의 변화를 반영하는 신호일 수 있습니다.

과거 증권주의 랠리는 주로 거래대금 증가와 위탁매매 수익 확대 기대감에 기초했습니다. 하지만 최근의 강세는 더 구조적인 배경에서 비롯됩니다. 첫째, 연기금과 퇴직연금 등 장기 자금의 국내 주식시장 복귀 조짐이 현실화되며 증권주의 자산 운용·위탁매매 부문 모두에 긍정적 영향을 미치고 있습니다. 둘째, MTS 중심의 비대면 플랫폼 경쟁이 심화하며, 증권사들의 소매 경쟁력도 재평가받고 있습니다.

무엇보다 중요한 변화는, 증권업이 더 이상 단순 중개업이 아니라는 점입니다. IB(투자은행), VC(벤처 투자), 대체자산 운용 등 복합금융회사로의 전환이 빠르게 진행 중이며, 일부 증권사는 이미 '핀테크+자산 운용+IB'를 아우르는 준 금융지주로서의 면모를 갖춰가고 있습니다. 이른바 '위탁매매 중심'에서 '자본시장 인프라 제공자'로서 역할이 확장되고 있습니다.

여기에 상대적 저평가도 강세의 또 다른 이유입니다. 코스피 전체의 Rerating 흐름 속에서 저PBR 재평가 테마와도 맞물립니다. 배당수익률이 5~7%에 이르는 고배당 매력 역시 시장에서 주목하는 요인입니다.

물론 위험도 존재합니다. 금리 하락기에 진입한다고 해도, 증시 거래대금이 충분히 회복되지 않으면 증권업 실적은 정체될 수 있습니다. 또한, 당국의 부동산 PF 규제 기조가 완화되지 않는 이상, 일부 증권사의 부동산 익스포저 위험은 여전히 부담 요인입니다.

그러나 자본시장 구조 개편과 투자문화의 전환이 동시에 일어나고 있는 지금, 증권주는 시장 체질 변화의 수혜를 가장 직접적으로 받는 업종입니다. '단순한 반등'이 아니라, '역할의 재정의'라는 관점에서 접근할 필요가 있습니다.

✓ 거래는 사이클이지만, 체질은 구조다.
✓ 증권주 강세는 곧, 시장 체질이 바뀌고 있다는 신호다.

📈 증권 vs 은행, 금융주는 어디로?

"요즘 증권주하고 은행주 중 뭘 사야 할까요?"

최근 코스피의 상승 흐름 속에서, 가장 자주 받는 질문 중 하나입니다. 필자의 답은 명확합니다. "증권주를 더 선호합니다."

그 이유는 간단합니다. 상승장에서는 '증권주'의 베타가 훨씬 더 크기 때문입니다. 과거에는 배당과 안정성 중심의 은행주가 밸류업 프로그램의 대표 수혜주로 주목받았지만, 지금과 같이 코스피 레벨 자체가 올라가는 장세에서는 '거래 활성화'와 맞물려 증권주의 수혜 폭이 훨씬 더 크다고 판단합니다.

지수가 뜨면, 수익구조가 연동된 증권사들의 실적과 주가 역시 자연스럽게 따라오게 됩니다. 즉, 지금 같은 체계적 랠리에서는 '증권주'가 더 공격적인 선택지가 될 수 있습니다.

2025년 한국 증시가 구조적 Rerating의 문턱에 들어서면서, 고배당·저PBR 테마가 다시 주목받고 있습니다. 이 흐름의 중심에 서 있는 두 업종이 증권주와 은행주입니다. 둘 다 대표적인 '가치주Value Stock'로 분류되며, 높은 배당수익률과 낮은 밸류에이션이 공통점입니다.

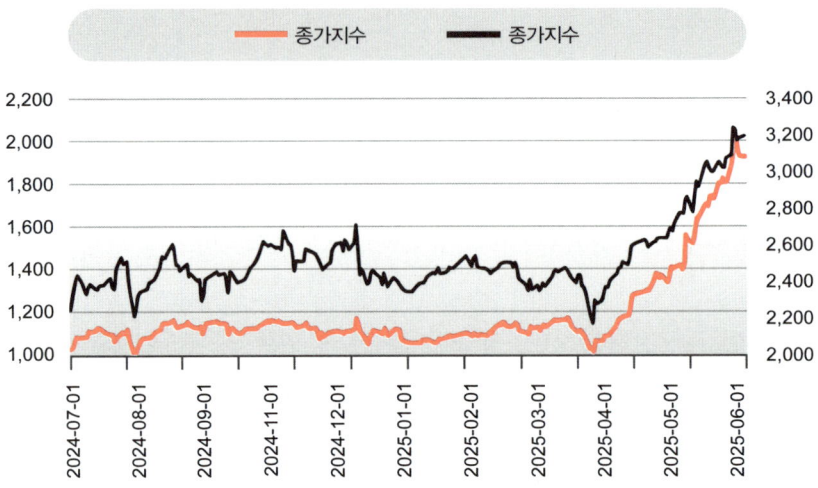

은행주는 '현금 창출력'의 안정성과 규제 산업의 한계라는 이중성을 가집니다. 금리가 고점에서 정체되는 시기에는 NIM(순이자마진) 둔화 압력과 정부의 정책적 배당 제약이 위험으로 작용합니다. 하지만 여전히 ROE 7~9%, PBR 0.3~0.5배, 배당수익률 6~8%라는 '가치주의 모범생'입니다. 성장은 별로지만, 현금은 많습니다.

반면 증권주는 변동성이 더 크지만, 산업적 역동성이 높습니다. 자본시장 활성화, 퇴직연금 DC전환, 사모시장 확대, IPO 재개 등 중장기 성장 트리거가 분명히 존재합니다. PBR 0.4~0.6배 수준에서 시작하는 저평가 매력도 유효하며, 일부 종목은 부동산 PF 익스포저 축소

이후 본격적인 실적 개선 사이클에 진입할 것으로 보입니다.

은행주가 선호되는 것은 불확실성이 클수록 예측 가능한 '이자 장사'는 심리적 안정감을 제공하기 때문입니다. 특히 정책 위험이 일시적으로 해소될 경우, 배당성향 상향 기대감은 여전히 유효합니다.

증권주는 회복 중인 자본시장의 '순환 플레이'에 걸맞습니다. 지수 상승, 거래대금 회복, IPO 재개 등은 업황 개선의 동시다발적 촉매가 되며, 시장 체질 개선의 수혜 업종이라는 점에서 은행주보다 더 직접적입니다.

투자자 입장에서 현금흐름Cash Flow이 필요하고 시장에 대한 뷰가 중립적이라면 은행주가 더 유리합니다. 반면 자본이득Capital Gain을 노리며, 국내 증시의 구조적 반등과 거래대금 증가에 베팅하고자 한다면 증권주가 더 높은 탄력성을 가질 수 있습니다.

✓ 은행주는 예측 가능한 배당 기계. 증권주는 시장의 방향성에 올라탈 수 있는 기회주다.
✓ 포트폴리오에 필요한 건, 둘 중 하나가 아니라 '둘 다'일 수 있다.

지주사 · 저PBR · 네이버 · 카카오 등 소외주의 반란

최근 투자자들에게서 가장 많이 듣는 질문 중 하나입니다. "지주사, 이미 많이 올랐는데 더 갈 수 있을까요?"

이에 대한 필자의 대답은 변함없습니다. "네, 아직도 상승 여력이 남아있다고 판단합니다."

과거 지주사들은 '중복상장'과 '물적분할'의 불씨로 인해 늘 시장 신뢰의 바깥에 있었습니다. 한동안은 기업지배구조 이슈의 상징처럼 여겨졌고, 시장을 뒤흔드는 예기치 못한 악재의 진원지가 되기도 했습니다.

특히 지난 10년간 한국 증시는 반도체, 2차전지 등 고성장 섹터에 투자자들의 관심이 쏠리며, 지주사뿐 아니라 저PBR주, 은행주, 증권주, 건설주 등 전통산업 군은 줄곧 소외주였습니다.

하지만 지금은 다릅니다. ROE 개선에 따른 PBR 재평가, 정책적 투명성 강화와 지배구조 개편 기대감, 주주환원 확대 기조와 함께 지주사에 대한 재평가가 본격화하며 판도가 완전히 바뀌고 있습니다. 따라서 최근의 주가 상승은 단기 이벤트에 의한 반짝 반등이 아닌, 지속 가능한 펀더멘털 전환의 결과라고 해석하는 것이 합리적입니다.

경기 회복과 맞물려 저평가된 이들 '소외주'가 다시 주목받기 시작했습니다. 은행주는 정부 주도의 밸류업 프로그램과 이자 마진 개선으로 수익성이 크게 개선되었고, 건설주는 2차 추경 편성에 따른 건설투자 확대와 재개발·재건축 시장 활성화 전망에 힘입어 관심이 커지고 있습니다. 지주사는 상법 개정과 더불어 향후 지배구조개선, 물적분할 시 기존 주주에 대한 신주 우선 배정, 보유 중인 자사주의 소각 가능성 등의 관점에서 재조명받고 있습니다. 관심권에서 멀어져 있던 저PBR주도 마찬가지입니다.

2025년 2분기 주요 테마

자료: 더프레미어

아이디어	투자 포인트	밸류에이션
증권 / 은행	시장 활성화 + 적정수준으로의 시장 재평가 기대. 영업 레버리지(위험도): 은행 > 증권. ROE(수익성): 증권 > 은행.	ROE 대비 여전히 낮은 PBR 배당 매력 높은 편.
지주사	경제 활성화 + 적정수준으로의 시장 재평가 기대. 지배구조 개선 및 주주환원 확대 추진. 물적분할 시, 일반주주에게 신주 우선 배정 추진.	NAV 대비 할인 정도
AI / 반도체	AI 관련 산업 및 수요 지속 확대 기대. 정부 차원의 정책적 지원 기대. 반도체 관련주 순환매 지속 기대.	성장기업인 경우, 배당매력 낮음. AI 관련주의 높은 PSR은 부담.
건설	주택공급 물량 확대를 통한 부동산 시장 안정화, 금리인하 기조 지속 기대	ROE 대비 여전히 낮은 PBR 배당매력 낮은 편.
저PBR	장부가를 현저히 하회하는 기업…성장 모멘텀 유무, 지배구조 개선 및 주주환원 확대	낮은 ROE에 낮은 PBR 배당매력 낮은 편.
자사주 소각	상법 개정 시, 자사주의 원칙적 소각 조항 삽입 가능성. 경영권 분쟁 촉발 가능성 상존.	자사주 소각 시, Valuation + 배당수익률 상승.

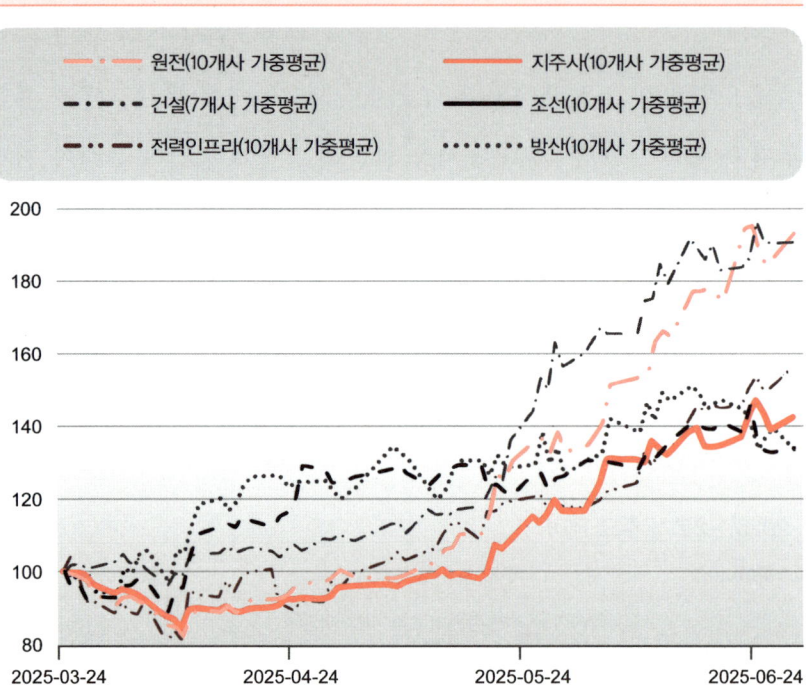

과거 성장주에 밀려 투자받지 못했던 이들 종목은 이제 실적 개선과 저평가라는 두 가지 조건이 맞물리면서 재평가의 기회를 맞고 있습니다. 단순히 '소외됐다'라는 이유만으로 배제하기보다, 변화하는 시장 환경 속에서 새로운 투자 가치로 떠오를 가능성에 주목해야 할 시점입니다.

또한, 이들 업종은 경기 사이클에 민감하게 반응해 회복 국면에서 상대적으로 높은 수익률을 기대할 수 있습니다. 분산 투자 관점에서도 포트폴리오의 안정성과 수익성 강화를 위해 필수적인 구성 요소가 될 것입니다.

최근에는 AI에서 잊힌 이름이었던 네이버, 카카오 주가가 불을 뿜었습니다. 신정부에서 향후 5년간 100조 원의 지원을 AI 부문에 하겠다는 방침이 알려진데다, 네이버 출신의 40대 인물을 대통령실의 소위 'AI 수석'으로 임명하면서 시장의 관심을 한 몸에 받았기 때문입니다. 기존에 없던 자리를 신설하면서 AI 시대가 도래했음을 천명한 것입니다. 다소 늦은 감이 있기는 하지만, 지금이라도 현명한 결단이라고 시장은 평가하고 있는 셈입니다.

- ✓ 진짜 기회는 때로 모두가 외면한 곳에 숨어 있다.
- ✓ 눈길을 돌릴 때가 왔다.

시장흐름에 대항하지 마라

"시장이 조정받을 줄 알고 인버스에 베팅했는데… 어쩌죠?"

최근 들어 개인투자자들에게서 자주 듣게 되는 질문입니다. 과거의 경험과 관성에 따라 '올라가면 언젠간 반드시 조정이 온다'라는 믿음으로 인버스 ETF에 과도하게 베팅했던 이들이 지금은 적잖은 혼란을 겪고 있습니다.

실제로 지난 2~3개월간의 시장은 빠르고도 강하게 반등하며 코스피 3,000선을 돌파했고, 이는 이전 조정장 패턴을 예상했던 투자자들에게 사실상 '생각의 파산 선언'을 요구하는 구간이 되었습니다.

그런데도 아직도 인버스 투자를 늘리려는 개인투자자들이 존재합니다. 하지만 필자의 대답은 명확합니다. "시장이 강세장에 들어섰다고 본다면, 생각을 바꾸는 게 맞습니다."

지금은 상승장의 흐름과 심리, 그리고 실제 데이터를 냉정히 보아야 할 시점입니다. 단순히 과거의 패턴이나 정서에 기대어 반대 방향에 베팅하는 전략은, 이제는 시장 구조와 펀더멘털이 달라졌음을 간과한 판단일 수 있습니다.

2025년 한국 증시가 본격적인 3,000시대를 연 지금, 투자자들에게 던지는 가장 분명한 메시지는 단 하나입니다. "시장 흐름에 대항하지 마라." 더 이상 과거처럼 외면하거나 의심만 해서는 안 됩니다. 지금은 시장의 전환점에 올라탄 초입기이며, 이 흐름은 구조적이며 정책적입니다.

특히 주목해야 할 것은 새로운 정부의 친시장적 정책 기조입니다. 출범 초기부터 정부는 '코리아 디스카운트 해소'를 최우선 과제로 제시했고, 실제로 상법 개정과 기업 지배구조 개선, 배당 활성화, 자사주 소각 의무화 등 시장 친화적인 법안들을 빠르게 추진하고 있습니다. 과거처럼 정치적 이유로 증시가 외면당하거나, 기업이 규제의 희생양이 되는 시대는 지났습니다.

정부의 정책 방향은 명확합니다. '성장과 자본시장의 선순환 구조 복원'입니다. 이에 맞춰 연기금도 국내 비중 확대를 할 것으로 보이고, 세제 및 공매도 제도 개선 역시 투자자 보호 중심으로 전환되고 있습니다. 다시 말해, 정부가 시장을 적극적으로 '열고' 있는 것입니다.

이런 상황에서 정책을 역행하거나, 구조적 상승 흐름을 무시하는 투자전략은 '자충수'가 될 수 있습니다. '정책이 만든 흐름'은 단기 변동성에 흔들리지 않습니다. 오히려 이런 구조적 랠리에서 가장 큰 수익을 내는 주체는 늘 정부의 방향성과 보조를 맞춘 자금이었습니다. 지금의 외국인 매수세 역시 단순한 트레이딩이 아니라, 이러한 정책 전환에 대한 '신뢰의 베팅'이었습니다.

무시해도 되는 장이 있고, 올라타야 하는 장이 있습니다. 지금은 후자입니다. 정부가 문을 열고 시장이 반응하고 있다면, 우리는 방향을 맞추는 것이 답입니다.

- ✓ 시장에 대항하는 자는 항상 패배해왔다.
- ✓ 정책에 저항하는 자는 시대에 밀린다.

6장 | 이제는 저평가 국면도 안녕!

2차 관문: 2,900~3,000선 정착 기대

"바퀴벌레 효과를 기대합니다"… 이번엔 반대로

최근 한 자산운용사 대표 출신 전문가가 유튜브에서 던진 이 한마디는, 투자자 사이에서 다시금 화제가 되었습니다. 재미있는 것은 이 인물은 20년 전 필자와 같은 조직에서 근무하며 동일한 제목의 리포트를 쓴 적이 있다는 점입니다.

'바퀴벌레 효과'란, 바퀴벌레 한 마리를 보면 그 근처에 수십 마리가 더 숨어 있을 가능성이 크다는 비유에서 비롯된 투자 심리 용어로, 보통은 하나의 악재가 나오면 연쇄적인 추가 악재가 터질 수 있다는 경고의 의미로 사용됩니다.

그런데 요즘 시장을 보면, 이 개념이 정반대로 적용되는 듯한 분위기입니다.

한때 "국장은 끝났다", "반등은 없다"라며 코스피에 비관적이던 전문가들조차, 요즘은 너나 할 것 없이 "코스피 4,000 간다", "5,000도 가능하다"는 이야기를 앞다투어 꺼내고 있기 때문입니다.

오랫동안 코스피 3,000선으로의 회복 가능성을 주장해온 필자로서는, 지금의 상황이 '거꾸로 작동하는 바퀴벌레 효과'?… 즉, 긍정적 시그널 하나가 나오면 연쇄적인 낙관론이 쏟아져 나오는 현상처럼 느껴집니다.

이제는 한 마리의 바퀴벌레가 희망의 징조처럼 여겨지는 시대. 그만큼 시장의 심리적 무게 중심이 완전히 뒤바뀌고 있다는 방증일지도 모릅니다.

현재 코스피는 2,650~2,700선의 1차 관문을 돌파한 후, 두 번째 2,900~3,000 구간마저 돌파해버렸습니다. 특히 이 구간은 과거 여러 차례 강력한 저항선으로 작용했던 구간으로, 이 벽을 넘어서면 단순한 기술적 회복을 넘어 시장이 한 단계 도약한다는 신호로 받아들여질 수 있습니다. 코스피 3,000은 선행 PBR 0.94배, 선행 PER 10.0배에 해당합니다. 결과적으로 최근 15년간의 평균에 근접한 셈입니다.

이러한 상승 과정에서 주목할 점은, 이번 반등이 특정 섹터에만 국한되지 않는다는 점입니다. 반도체와 AI 등 성장주뿐 아니라, 그동안 소외되었던 조선·방산·증권·은행 등 산업 전반에서 실적 회복세가 감지되고 있습니다. 이는 밸류에이션 재평가rerating를 촉진하며 시장의 폭넓은 회복을 이끄는 핵심 동력으로 작용하고 있습니다.

여기에 세계 경기 회복 조짐과 원화 강세가 더해지면서, 외국인 투자자들의 자금 유입이 다시금 본격화되고 있습니다. 이는 단순한 매매 패턴의 변화가 아닌, 한국 자산에 대한 전략적 비중 확대 가능성을 시사하는 대목입니다.

코스피가 2,900~3,000선 위로 안착한다면 이는 단기 반등을 넘어 중장기 상승 전환 국면으로의 진입을 의미합니다. 다시 말해, 이번 랠리는 단순한 기술적 반등이 아닌, 구조적 펀더멘털 변화와 투자 심리 개선이 맞물린 '시장 체질 전환'의 신호가 될 수 있습니다.

개인투자자 입장에서도 이는 단순한 지수 상승 이상의 의미를 지닙니다. 시장에 대한 신뢰 회복, 그리고 새로운 종목 발굴의 기회를 제공하기 때문입니다. 그동안 '끝없는 횡보장'에 지쳐 있던 투자자들이 재참여할 수 있는 기반이 마련되고 있습니다.

한 마리 바퀴벌레가 더 많은 바퀴벌레의 존재를 암시하듯, 이번 시장 반등도 단발성 이벤트가 아닌 연쇄적 긍정 흐름의 출발점이 되기를 기대해 봅니다. '거꾸로 적용된 바퀴벌레 효과'가 이제는 코스피 3,000시대의 서막을 알리는 신호탄이 되어주길 바랍니다.

- ✓ 2차 관문 통과는 새로운 도약의 시작이다.
- ✓ 여기서 멈추지 않고, 더 높이 날아오를 준비를 해야 한다.

글로벌 밸류에이션 비교로 본 코스피 위치

2025년 들어 세계주식 시장 중에서 성적이 상위권인 한국 증시지만, 밸류에이션은 여전히 절대적 상대적 저평가 상태에 있습니다. 한

주요 국가별 증시 밸류에이션 현황 (2025년 6월 기준) 자료: 더프레미어 정리

국가	대표 지수	PER	PBR	시사점 요약
미국	S&P 500	22	2.2	기술주 중심 고 밸류에이션 지속
일본	Nikkei 225	11	1.2	기업 지배구조 개선으로 재평가 국면
유럽	Euro Stoxx 50	13~14	1.4	경기 민감주 중심, 안정적 밸류
중국	CSI 300	14	1.5	경기 부진과 정책 불확실성 반영
인도	Nifty 50	22~24	3.8	고성장 기대 반영, 다소 과열 우려
한국	KOSPI	10	1.0	저평가 구조 지속, 재평가 여지

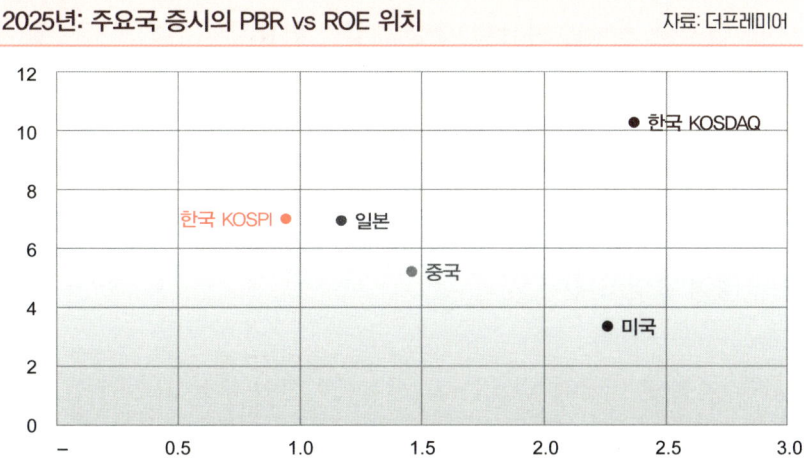

2025년: 주요국 증시의 PBR vs ROE 위치 자료: 더프레미어

국의 예상 PER은 10배 수준에 머물고 있고, PBR은 1.0배에 불과하여 장부가치 수준에 불과한 상황입니다.

미국 시장은 기술기업 중심으로 높은 PER을 유지하고 있으나, AI 등 성장 스토리에 대한 신뢰가 반영되어 있습니다. 고평가 논란은 지속되나, 금리 인하 기대가 완충 역할을 합니다. 일본은 과거 대비 낮지 않은 PER이지만, 기업의 자사주 매입, 배당 확대 등 주주환원 정책 강화로 시장의 재평가Rerating가 진행 중입니다. 유럽 시장은 경기에 민감한 주 중심으로 전반적인 PER은 낮은 편이며, 배당수익률이 높고 밸류 안정성이 특징입니다. 중국은 구조적 성장 둔화와 부동산 시장 침체, 지정학적 리스크가 밸류에이션을 낮추는 원인입니다. 정책 변수에 따라 단기 급등락 가능성이 존재합니다. 인도 시장은 고성장 기대와 내수 기반 확대에 따라 고 밸류에이션을 정당화하는 흐름입니다. 그러나 글로벌 자금의 과잉 유입은 변동성 요인으로 작용할 수 있습니다. 마지막으로 한국 시장은 여전히 가장 낮은 수준의 PER과 PBR을 기록하고 있으며, 구조적 디스카운트 요인이 여전히 반영되어 있습니다. 다만 반도체 업황 회복, 정부의 기업가치 제고 정책 등은 향후 긍정적 요인입니다.

요약하자면 미국과 인도는 고 밸류에이션이 부담 요인이 될 수 있으므로 성장성 지속 여부와 실적 확인이 필요합니다. 이에 비해 한국,

중국, 유럽 시장은 상대적으로 저평가되어 있으며, 구조적 재평가 요인이 있는 국가를 중심으로 중장기 투자 기회가 존재합니다. 물론 지정학적 리스크는 고려되어야 합니다. 특히 중국과 한국은 지정학적 이슈에 민감하므로 위기관리가 병행되어야 합니다.

> ✓ 여전히 절대 저평가 시장인 한국 시장에 주목하라.
> ✓ 주가 재평가는 단기가 아니라 중장기적으로 지속 가능성이 크다.

삼성전자보다 높아진 SK하이닉스의 외국인 지분율

최근 '증시각도기'가 방송에서 언급한 발언이 투자자들 사이에서 큰 관심을 모았습니다. 'SK하이닉스가 삼성전자의 시가총액을 넘어설 수 있다'는 그의 전망은 파격적인 만큼, 시장에 강한 인상을 남겼습니다.

비록 필자는 이 주장에 전면적으로 동의하지는 않지만, 그 핵심은 단순한 시총 역전에 있는 것이 아니라, '두 회사 간 시가총액 격차가 과거에 비해 현저히 축소되고 있다'는 흐름에 주목해야 한다는 점입니다.

실제로 2025년 6월 기준 SK하이닉스의 시가총액은 213조 원으로, 코스피 2위 자리를 굳건히 지키고 있으며, 삼성전자와의 격차는 눈에 띄게 좁혀지고 있습니다.

2025년 한국 증시에서 눈에 띄는 변화 중 하나는 반도체 대표주식인 SK하이닉스의 '외국인 지분율이 삼성전자를 추월했다'는 점입니

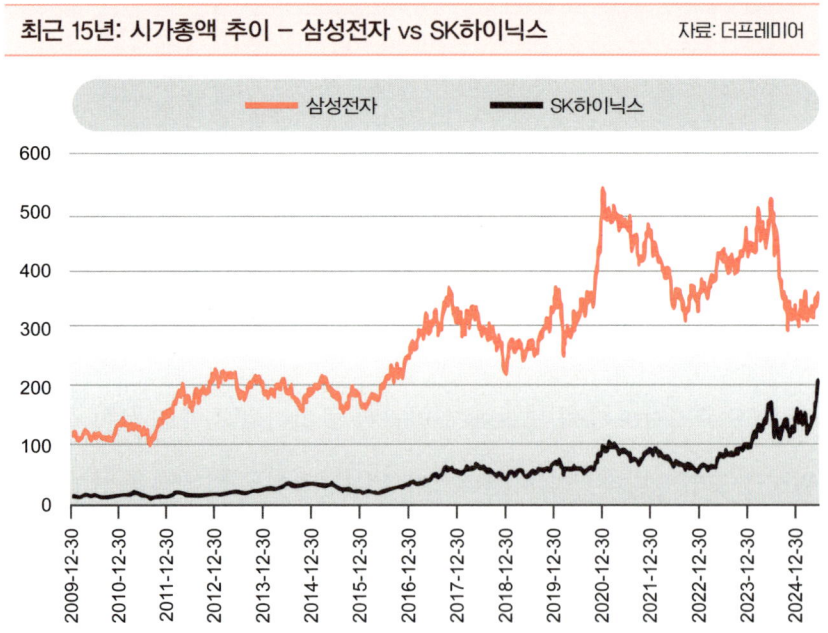

다. 전통적으로 삼성전자가 한국 반도체 산업의 절대강자였지만, 최근 외국인 투자자들의 관심은 SK하이닉스로 쏠리고 있습니다.

현재 삼성전자의 시가총액은 SK하이닉스의 약 2배에 다소 못 미치지만, SK하이닉스의 외국인 지분율은 55.5%로 삼성전자(49.6%)를 넘어섰습니다. 특히 지난 몇 년간 SK하이닉스 시가총액은 삼성전자 대비 20% 수준에서 50% 수준까지 크게 확대되었음에도, SK하이닉스의 주가수익비율PER은 여전히 삼성전자의 절반에 불과합니다. 특히 HBM 시장 구도에 있어 다크호스로 등장한 미국의 마이크론 테크놀로지와 비교해서도 SK하이닉스는 현저히 저평가 상태에 있습니다. 물론 삼성전자가 HBM 시장에서 추격하고 있고, 마이크론이 미국 기업들의 지원을 등에 업고 있기는 하나, 아직은 'SK하이닉스가 여전히 HBM 시장에서 명실상부한 1등'입니다. 이런 상황인데도 여전히 상대적 절대적 저평가 상태에 있는 SK하이닉스의 주가는 여전히 상승 여력이 충분함을 시사합니다.

외국인 투자자들이 단순히 코스피 대장주에 기계적으로 자금을 배분하는 시대는 끝났습니다. 지금은 철저한 '전략적 선택'을 기반으로 실적과 성장 가능성을 면밀히 검토하는 '옥석 가리기'가 이루어지고 있습니다.

SK하이닉스에 대한 신뢰는 2024년 하반기부터 본격화됐습니다. AI 서버용 고대역폭 메모리 HBM 시장에서 글로벌 공급 주도권을 확보하고, 엔비디아 등 AI 분야 핵심 기업들과의 계약 확대를 통해 시장 기대를 뛰어넘는 실적을 연이어 기록한 것이 주된 배경입니다. 반면 삼성전자는 메모리 중심에서 시스템 반도체[8]와 파운드리[9] 사업으로 무게중심을 옮기는 전환기 과정에서 상당한 시행착오와 전략수행에 차질이 발생해 상대적으로 주목도가 다소 낮아진 모습이었습니다.

결국 외국인 투자자들은 더 이상 '국가 대표주식'에 머무르지 않고, '기술 경쟁력'과 '실적 모멘텀'을 중시하는 선별 투자를 하고 있습니다. SK하이닉스가 이 흐름의 중심에 서 있다는 점은 한국 증시가 '패시브 투자 중심'에서 '능동적, 선택적 투자 중심'으로 구조적 전환을 맞고 있음을 보여주는 상징적 장면입니다.

✔ 이제는 단순한 '대장주 시대'가 아니다.
✔ 진짜 강자는 '선택받는 자'이다.

---

[8] 정보를 계산하고 제어하는 기능 중심의 반도체로, CPU, GPU, AI 칩, 모바일 AP 등이 대표적임. 반대 개념은 메모리 반도체임.
[9] 반도체를 설계한 기업을 대신해 '제조'만 전문으로 해주는 공장 또는 기업을 말함. 설계와 생산을 분리한 분업 모델에서 나오는 개념임.

알파와 베타 사이: SK하이닉스의 재발견

"삼성전자 vs SK하이닉스, 지금은 어디에 주목해야 할까요?"

국내 주식시장에 관심 있는 투자자라면 가장 먼저 던지는 질문 중 하나입니다. 대한민국을 대표하는 절대강자 '삼성전자'와, AI 시대의 주도주로 부상 중인 '신흥 강자 SK하이닉스'.

필자는 지난 1~2년간 시장이 조정과 반등의 사이클을 오갈 때마다, 일관되게 SK하이닉스를 삼성전자보다 우선해서 언급해 왔습니다. 그리고 지금처럼 강세장으로 전환된 흐름 속에서는 더욱 그렇습니다.

그 이유는 명확합니다. 기본적으로 SK하이닉스는 베타β가 더 높습니다. 시장이 상승할 때 지수 대비 주가 탄력성이 더 크다는 뜻입니다. 물론, 그만큼 변동성(위험)도 크다는 점은 유념해야 합니다.

하지만 그 리스크를 감수할 수 있다면, 강세장에서의 알파(초과수익)는 더 강력하게 따라올 수 있습니다. 특히 2025년 현재, HBM(고대역폭 메모리)와 같은 AI 특화 메모리 기술에서 SK하이닉스가 세계 시장을 주도하는 기업으로 부각되면서 시장의 패러다임이 '삼성은 안정, 하이닉스는 성장'이라는 새로운 대비 구도로 흘러가고 있는 상황입니다.

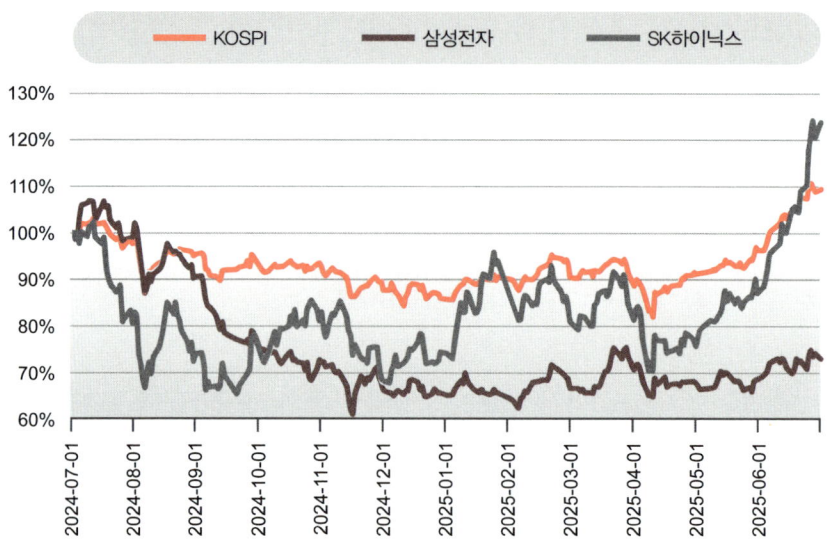

주식투자에서 '알파α'와 '베타β'는 수익률을 이해하는 핵심 개념입니다. 베타는 시장 전체의 흐름에 따라 움직이는 민감도를 뜻하며, 알파는 그 시장 수익률을 초과하는 '순수한 초과 성과'를 의미합니다. 투자자는 늘 이 둘 사이에서 균형을 고민합니다. 시장에 기대는 베타 중심의 전략을 택할 것인지, 또는 시장을 이기려는 알파 중심의 전략을 펼칠 것인지.

최근 SK하이닉스는 이 두 개념이 어떻게 현실에서 접목될 수 있는지를 보여주는 대표 사례입니다. SK하이닉스의 베타는 약 2.1로, 삼성전자(1.3)보다 훨씬 높습니다. 이는 시장이 상승할 때 SK하이닉스의 주가가 더욱더 강하게 반응한다는 의미입니다. 즉, 강세장에서는 시장 수익률을 뛰어넘는 성과를 기대할 수 있는 '베타 플러스 알파' 종목인 셈입니다.

여기에 SK하이닉스는 고성능 D램인 HBM 시장에서 세계 점유율 1위에 올라서는 등, 구조적인 성장 동력 또한 갖추고 있습니다. 이는 '알파'에 해당하는 요소로, 단순한 시장 따라가기를 넘어선 초과 성과의 근거입니다. 엔비디아를 비롯한 글로벌 AI 기업들의 HBM 수요 증가 속에, SK하이닉스는 메모리 반도체 산업의 새로운 주도주로 떠올랐습니다.

이처럼 SK하이닉스는 시장 전반이 상승할 때는 높은 베타를 활용한 강한 레버리지 효과를, 산업구조 변화와 기술 주도력에서는 알파를 통한 초과 수익 가능성을 동시에 갖춘 드문 종목입니다. 투자자 입장에서는 단순한 시장 추종을 넘어 전략적인 포트폴리오 구성의 대안이 될 수 있습니다.

결국 주식투자에서 가장 중요한 것은 자신이 '알파와 베타 사이' 어디에 서 있는지를 명확히 인식하는 일입니다. 시장과 함께 갈 것인가, 시장을 이길 것인가. 그리고 지금, SK하이닉스는 그 둘을 모두 품은 대안으로 떠오르고 있습니다. 외국인의 지분율이 지난 1~2년 삼성전자에 비해 높아진 이유일 것입니다.

> ✓ 시장에 올라탈 베타를 원한다면, SK하이닉스를 주목하라.
> ✓ 초과 수익의 알파까지 품은 종목은 흔치 않다.

품절주로 향하는 은행주?

"은행주 밸류업 프로그램, 정말 믿을 수 있을까?"

1~2년 전, 정부 주도의 '밸류업 프로그램'이 발표되자마자 시장 참여자들의 관심은 곧바로 은행주로 향했습니다. 높은 배당 수익률과 낮은 PBR을 기반으로 한 은행주는 당연히 대표적인 저평가 수혜주로 떠올랐고, 정부가 제시한 지배구조 개선과 주주친화 정책에도 가장 적극적으로 호응할 섹터로 기대를 모았습니다.

실제 주가도 시장 기대에 화답하며 상승 흐름을 보였지만, 중간중간 정부 관계자들의 개입성 발언이나 규제 강화 언급이 나올 때마다 시장은 '역시나…' 하는 불신의 그림자를 드리우곤 했습니다.

흥미로운 사실은, 은행주 가운데 외국인 지분율이 50%를 넘는 곳이 세 군데나 있음에도 불구하고, 시장에서는 여전히 은행이 정부의 직·간접적인 통제 아래 있는 산업으로 인식된다는 점입니다.

낙하산 인사는 이제 놀랍지도 않은 일상이 되었고, 자율적인 경영보다는 정책 수단으로 활용되는 이미지가 고착화되어 있었습니다. 그

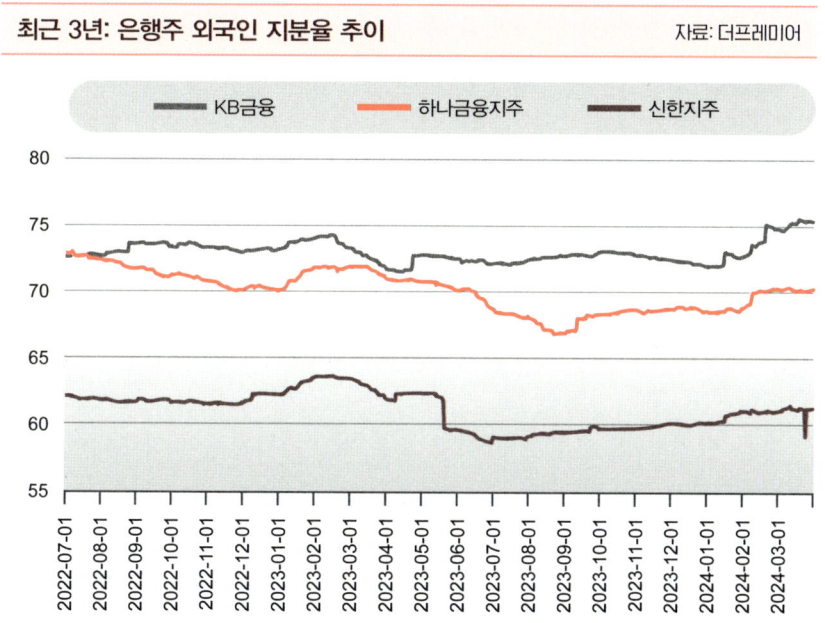

결과, 외국인 지분율이 그렇게 높음에도 불구하고 주가는 오랫동안 관심권 밖에 놓여 있었던 것도 사실입니다.

그래도 변화는 시작됐습니다. 밸류업 가이드라인에 따른 자사주 매입, 배당 확대는 실질적으로 실행되었고 일부 은행들은 IR 활동 강화와 기업가치 제고 전략을 병행하며 단순한 고배당 종목을 넘어 '리레이팅re-rating' 가능한 섹터로 자신들의 위상을 전환 중입니다.

그렇게 오랫동안 투자자들 사이에서 관심권 밖에 있던 은행주가 최근 급부상하고 있습니다. 은행 본연의 비즈니스가 안정적인 모습을 보이는 가운데, 그동안 위험 요인으로 간주한 PF 사업 이슈들도 위험 관리로 적절히 통제되며 은행들의 수익성, 재무적 안정성이 지속되고 있기 때문입니다. ROE가 유지되면 배당수익률 또한 높은 상태가 수년간 지속되면서 이제 투자자들이 관심을 보이기 시작했고, 주가가 빠르게 올라가면서 이제 '품절주가 될 수도 있겠다'라는 생각도 하게 됩니다. KB금융과 하나금융지주의 외국인 지분율은 벌써 78%, 68%를 각각 넘어섰습니다.

다른 한편으로, 은행은 금리가 오를 때 이자 마진이 확대되어 수익성이 좋아집니다. 2025년 들어 주요국 금리 인상 속도가 둔화되면서도 여전히 과거 대비 높은 금리 수준이 유지되고 있어 은행들의 이익

구조는 견고한 편입니다. 또한, 대출 증가와 부실 채권에 대한 적절한 관리도 긍정적인 영향을 줍니다.

그뿐만 아니라, 국내 금융 규제 완화와 디지털 금융 확대 등 구조적 변화도 은행업계에 새로운 성장 동력을 제공하고 있습니다. 은행들은 비이자 수익을 확대하며 다양한 금융 서비스를 통해 수익 다변화에도 성공하고 있습니다.

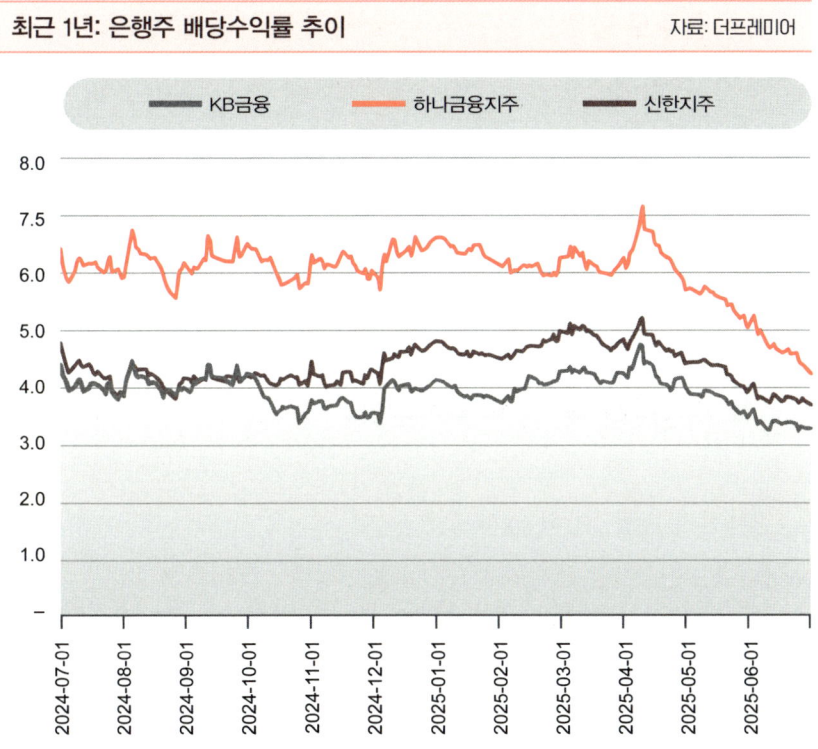

외국인 투자자들의 매수세도 눈에 띕니다. 안정적인 배당과 꾸준한 실적 개선이 결합되면서, '안전자산'이자 '저평가주이자 배당주'로서의 매력을 동시에 갖추게 된 것입니다. 그 결과 거래량은 급증하고, 시장에 매물은 줄어들어 주가 상승 압력을 높이고 있습니다.

- ✓ 이제 은행주는 '잔잔한 강'이 아니라 '빠르게 흐르는 강물'이 되고 있다.
- ✓ 품절주로 향하는 은행주…. 놓치지 말아야 할 투자 기회일 수 있다.

2차전지 탈출, 현실화될까?

"2차전지 반등, 아직 일까요?"

최근 개인투자자들 사이에서 유독 자주 들리는 질문은 "이제 2차전지 반등 오나요?"입니다.

코스피가 3,000선을 넘어서며 강세장을 이어가고 있음에도 불구하고, 2차전지를 보유한 투자자들은 이 시장 흐름을 체감하지 못하는 경우가 많았습니다. 그만큼 이 섹터의 침체는 긴 시간과 실망을 동반해왔고, 반등에 대한 기대는 절박함에 가깝게 응축되어 있습니다.

하지만 필자는 과거에도, 그리고 지금도 섣부른 낙관에는 동의하지 않습니다. 2차전지 테마는 과도한 기대와 비현실적인 서사가 만든 대표적 '오버슈팅 섹터'였습니다. 그리고 지금도 여전히, 근거 없는 반등론이 투자자들을 오도하고 있는 상황이라고 봅니다.

최근 1~2년의 주가 약세는 단순한 조정이 아니라, 과잉의 청산 구간일 수 있습니다. 실적 추정치는 후퇴했고, 밸류에이션 프레임은 붕괴되었으며, 산업 내 경쟁 구도 역시 예전 같지 않습니다. 이런 국면에서 우리가 해야 할 일은 희망이 아닌, 현실을 직시하는 것입니다.

오히려 2차전지 관련주에 대해 이제는 '출구 전략'을 고민해야 할 시점이라고 생각합니다. LG에너지솔루션, 에코프로비엠 등은 과거 시장을 이끌던 '킹스탁'에서 이제는 개미투자자들의 '고민 종목'으로 전락한 지 오래입니다. 고점 대비 반토막이 넘는 주가 하락, 실적 불확실성, 중국발 공급 압박 속에 여전한 전기차에 대한 수요부진, 미국의 IRA 지원 축소 등이 복합적으로 작용하며 업종 전반이 단순 조정을 넘어 구조적 전환의 문턱에 서 있습니다. 금양과 같은 인기 종목이 거래정지 상태인 것도 상징적인 장면입니다.

트럼프 2기 출범과 함께 미국 민주당 바이든 정부에서 서명했던 인플레이션 감축법IRA은 이제 '용도 폐기' 국면으로 접어들었습니다. 그리고, CATL·BYD 등 중국 경쟁사들은 기술력과 가격경쟁력을 동시에 강화하며 국내 전기차 산업을 압박하고 있습니다. 반면, 국내 기업들은 공격적인 설비투자CAPEX 이후 낮아진 수익성과 과잉 공급 우려 속에 시달리고 있습니다. 상황이 이럼에도 업종 대표주식들의 PBR은 여전히 높고, ROE 대비 투자 매력도는 제한적입니다.

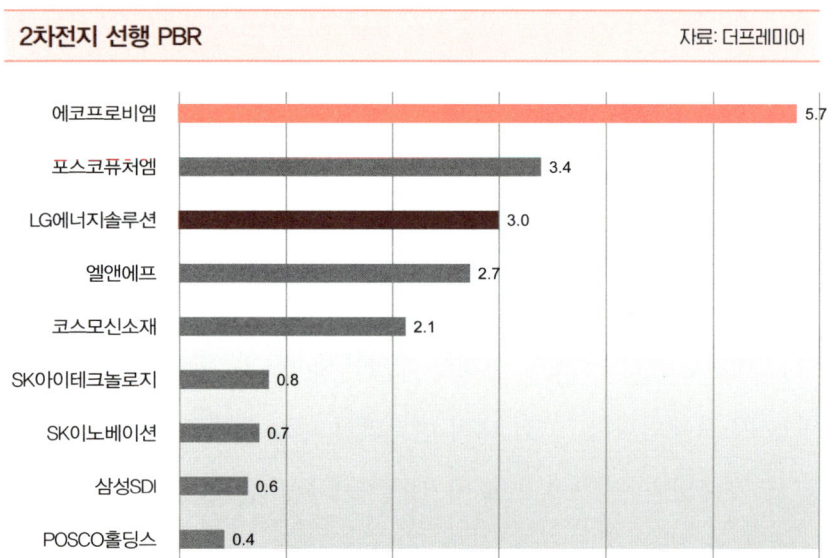

필자는 앵커로서 역시 경제방송을 진행하며 2차전지주를 '매력적인 주식'으로 언급해 본 적이 없습니다. 시장의 과열 기대에 오히려 역행하며, 과도한 밸류에이션에 대해 일관되게 경고를 보내왔습니다.

그렇다고 완전히 등을 돌릴 필요는 없습니다. 투자 프레임 자체를 바꾸면 새로운 가능성이 보일 수 있습니다. 일부 기업들은 전력반도체, ESS, 수소 등으로 사업을 확장하며 생존 전략을 모색 중입니다.

2차전지는 여전히 중요한 산업입니다. 다만 '배터리 단일 테마'에서 벗어나 '에너지 전환 생태계'로 재해석할 필요가 있습니다. 산업은 진화했고, 투자전략도 달라져야 합니다.

- ✓ 2차전지는 다시 성장은 재편되고, 선택은 더 까다로워진다.
- ✓ 2차전지도 이젠 옥석을 가릴 시간이다.

🔼 ROE+배당 확대는 3,000 안착의 열쇠

"시장 3,000? 충분히 넘어 갈 수 있습니다… 그렇다면, 왜 그럴까요?"

시장이 강세장으로 전환되자, 너도나도 "코스피 3,000 간다"는 목소리가 쏟아지기 시작했습니다. 이제는 3,000선이 마치 기본값처럼 언급되는 시대가 된 듯합니다. 낙관론이 넘쳐납니다.

하지만 정작 이 수치를 구체적인 데이터와 논리로 설명하는 목소리는 드뭅니다. 상법 개정, 배당 확대… 이유는 늘 그 정도에서 멈춥니다. 단편적인 정책 이벤트가 시장 지수의 절대 레벨을 어떻게 변화시킬 수 있는지에 대한 실증적 분석은 부족합니다.

더 나아가, 많은 전문가가 "4,000 간다, 5,000 간다" 이야기는 하지만, 이에 대한 구체적인 데이터는 제시하지 못합니다. 지금 필요한 건 막연한 낙관이 아니라, ROE, PBR, 유동성, EPS 전망, 글로벌 증시 흐름 등 실증 기반의 수치와 논리로 무장된 전략적 시선입니다.

코스피 3,000선 돌파는 단순한 숫자 이상의 의미를 지닙니다. 이는 한국 증시가 과거 '저평가의 늪'에서 벗어나 본격적인 '가치 재평가' 단계로 접어들었다는 신호입니다. 그러나 이 중요한 심리적, 기술적 관문을 안정적으로 지키기 위해서는 기업들의 수익성 지표인 ROE$^{\text{Return on Equity}}$ 제고와 더불어 주주환원 정책, 즉 배당 확대, 자사주 소각 등의 제도 강화가 반드시 뒤따라야 합니다.

ROE는 기업이 자본을 얼마나 효율적으로 운용하는지를 나타내는 핵심 지표로, 투자자들이 기업가치를 평가할 때 가장 중요하게 여기는 요소 중 하나입니다. 한국기업들이 꾸준히 ROE를 개선하면, 투자자들은 더욱 높은 성장성과 수익성을 기대하며 주가 상승에 힘을 실어줄 것입니다. 특히 대형 우량주 중심으로 ROE 개선이 이루어질 경우, 코스피 전반의 체질 개선 효과가 확산됩니다. 시장이 예상하는 코스피 상장 종목들의 2025년과 2026년의 ROE는 각각 9.0%, 9.5%입니다. 향후 코스피의 ROE가 10%를 넘는 상황이 지속될 때 시장의 주가 재평가는 더욱 견고해질 것입니다.

또한, 배당정책의 강화는 '코리아 디스카운트' 탈피에 매우 중요한 역할을 합니다. 한국기업들은 과거 내부 유보금 확대에 치중하며 상대적으로 배당을 적게 지급해왔는데, 이는 외국인 투자자들의 불만 요소였습니다. 배당 확대는 투자자에게 직접적인 현금 수익을 제공함으로써 투자 매력을 높이고, 장기 투자자 유입을 촉진하는 효과가 있습니다.

배당수익률[10]로 보는 관점에서도 한국은 여타 국가들에 비해 배당투자 매력이 아직 낮은 편입니다. 배당수익률 1.5~2.0% 정도로는 충분치 않아 보입니다. 배당성향Dividend Payout[11]을 35% 이상으로 확실히 끌어올려야 시장 재평가의 기반이 탄탄해질 것입니다. 최근 11년 평균 국내 상장사 배당성향은 29%였습니다. 미국(42%), 일본(36%) 등 선진국은 물론 대만(55%), 중국(31%), 인도(39%) 등 주요 신흥국과 비교해도 낮은 편이었습니다. 그나마 다행인 것은 2023년과 2024년 평균 배당성향이 39%, 27%로 의미 있는 변화가 있었다는 점입니다.

최근 이재명 대통령이 배당성향 35%를 콕 꼬집어 언급해서 '고배당 기업'에 대한 관심이 높아질 수밖에 없습니다. 2024년 기준 배당성향

한국의 최근 배당성향　　　　　　　　　　　　　　　자료: 더프레미어

연도	평균 배당성향	주요 특징
2024년	약 39%	역대 최고 수준 중 하나. 미국(37%), 일본(36%)보다 높아짐.
2025년	약 27%	정부의 배당 장려 정책과 기업의 주주환원 확대 기조.

---

10) 주가 대비 주당 배당금의 비율로, 투자자가 주가 기준으로 얼마나 배당을 받는지를 나타내는 지표임.
11) 기업이 벌어들인 순이익 중에서 얼마를 배당금으로 지급하는지를 나타내는 비율임. 배당성향이 높으면, 기업이 이익을 주주에게 많이 돌려준다는 의미임. 배당성향이 너무 낮으면 배당을 소홀히 한다는 인식도 줄 수 있으며, 너무 높으면 장기 투자나 재무 건전성에 부담이 될 수 있음.

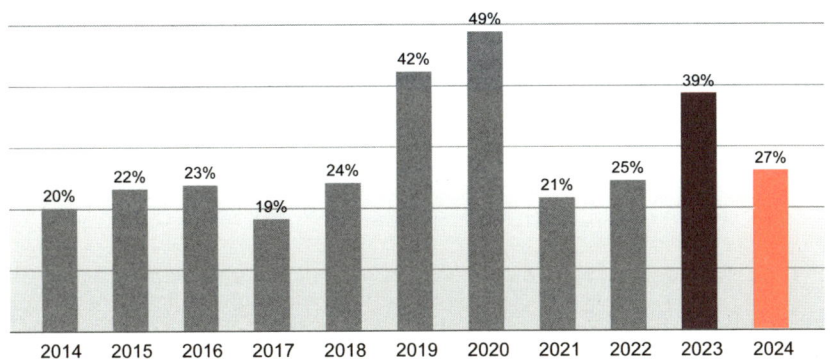

최근 11년: 한국의 배당성향 추이   자료: 더프레미어

이 35% 이상인 기업은 323개사에 불과합니다(코스피 170개사, 코스닥 153개사). 이들 기업의 배당금 총액은 13조 원으로 전체 유가증권시장, 코스닥 상장기업 배당금의 26%에 해당합니다. 배당성향 상향의 여지가 많이 남아 있다는 얘기입니다.

최근 시장에서 가장 강력한 리레이팅 근거 중 하나가 바로 주주환원 정책의 질적 진화입니다. 단순한 배당 확대를 넘어, 이제는 자사주 의무 소각까지 병행되는 구조가 만들어지고 있습니다. 특히 자사주 소각은 단순한 주가 부양 수단이 아니라, 기업가치를 구조적으로 끌어올리는 장치입니다.

자사주를 소각하면 시장에 유통되는 주식 수가 줄어들게 되고, 이로 인해 주당순이익EPS과 주당순자산BPS는 자동적으로 증가하게 됩니다. 결과적으로 PER, PBR 등 밸류에이션 지표는 더 낮아지게 되며, 이는 '저평가 해소 → 주가 상승'이라는 선순환 구조로 이어질 수 있습니다.

결국 ROE와 배당 증가, 자사주 소각 등은 코스피 3,000선을 넘어 4,000선을 향해 가기 위한 '필수 조건'입니다. 단기적 주가 급등이 아닌, 기업 펀더멘털 개선과 주주 친화적 정책에 기반한 지속 가능한 성장이 뒷받침될 때, 한국 증시는 더욱 견고한 상승세를 이어갈 수 있습니다. 이를 통해 '저평가의 끝'은 공식적으로 선언되고, '새로운 시대'로의 전환이 확실시될 것입니다.

- ✔ ROE와 배당 강화 없이는 3,000선 안착도 불안하다.
- ✔ 지속 가능한 성장과 주주가치를 동시에 잡는 기업만이 한국 증시의 미래를 이끌 것이다.

📈 제2의 BUY Korea, 올 수 있을까?

"제2의 바이 코리아 열풍, 다시 가능할까?"

얼마 전 증시각도기에 출연해 '제2의 바이 코리아 가능성'에 대해 언급한 바 있습니다. 당시와 지금의 국면은 분명 다르지만, 흥미로운 유사점이 포착됩니다.

이번 강세장은 자생적인 코스피 회복 흐름에서 시작됐습니다. 거기에 외국인 투자자와 연기금의 매수세가 본격적으로 가세하며 불씨를 키우고 있는 상황입니다. 하지만 아직까지 개인투자자들과 일부 기관은 관망세를 유지하고 있습니다. 아직도 '반신반의'하고 있는 것입니다.

그런데 만약, 시장이 3,000선을 단순히 넘는 것을 넘어 그 이상 레벨업되는 흐름을 보인다면 어떻게 될까요?

외국인이 매수세를 지속할 가능성이 커지고, 아직 본격 진입하지 않은 개인과 기관까지 유입되면, 자연스럽게 '두 번째 바이 코리아' 흐름이 재연될 수 있는 환경이 만들어질 수 있습니다. 즉, 지금은 단순 반등장이 아니라 2005년·2010년대 초반과 유사한 '참여 주체의 확산 → 상승의 자생력 강화' 모델이 재구성되는 초기 국면일 수도 있습니다.

2000년 전후로 한국 증시는 이례적인 외국인 자금 유입으로 활황장을 맞았습니다. IMF 위기 이후 저평가된 자산과 구조조정을 마친 기업들이 매력적으로 비쳤고, 'BUY Korea'라는 키워드가 글로벌 투자 시장에서 회자됐습니다. 삼성전자, 현대차, 포스코 등 대형주는 성장성과 수출 경쟁력으로 집중 조명을 받았고, 코스피는 1,000선을 넘보며 급등했습니다. 그러나 열기는 오래가지 않았습니다. 2000년대 초반 IT 버블 붕괴는 미국 나스닥을 강타했고, 한국 시장에도 거센 후폭풍을 안겼습니다.

2025년 현재 우리 시장에서는 그때와 유사한 '데자뷔'가 감지됩니다. 여전히 저평가된 시장, 회복 중인 반도체 사이클, AI 기반 투자 확대, 기업 지배구조 개선 기대감. 외국인 자금은 다시 유입되고 있고, 자사주 소각과 배당 확대도 예전과는 다른 흐름입니다.

최근 들어 다시 한국 시장이 '저평가'와 '회복'이라는 키워드로 글로벌 투자자들에게 주목받고 있습니다. 세계 주요 증시가 고평가 논란에 시달리는 가운데, 한국 증시는 여전히 상대적으로 낮은 PER과 PBR을 보이며 '밸류 플레이'의 매력으로 떠오르고 있습니다.

게다가 정부와 금융당국이 추진 중인 '한국형 자본시장 선진화' 정책, 예컨대 기업 지배구조 개선, 배당 확대 유도, 자사주 소각 정책 등이 외국인 투자 유치를 견인할 수 있는 여건을 조성하고 있습니다. 특히 2024년 이후 지속된 반도체 업황 회복과 AI 인프라 수요 증가는 삼성전자, SK하이닉스 등 주요 종목에 관한 관심을 높이고 있어, 코스피 시가총액의 23%를 점하고 있는 이들 두 기업의 선전이 추가적인 코스피 상승의 한 축을 담당할 것입니다.

그러나 제2의 '바이 코리아'가 과거와 같은 일시적 테마로 끝나지 않기 위해서는 몇 가지 선결 과제가 있습니다. 우선, 국내 개인 투자자층의 저변 확대와 투자 심리의 안정화가 필요합니다. 외국인 의존도를 줄이고 장기 자금이 머무를 수 있는 제도적 장치도 마련돼야 합니다. 또한, 시장의 신뢰를 구축할 수 있는 기업의 투명성과 배당정책 강화도 당연히 지속돼야 합니다.

2000년대 초반 '바이 코리아'는 단기적인 외국인 구애Love Call에 기댄 '열풍'이었습니다. 하지만 지금이라면, 더 성숙한 국내 자본시장과 제도적 기반 위에서 진정한 의미의 'BUY Korea 2.0'이 실현될 수 있을지도 모릅니다. 다만 이번엔 '열풍'이 아닌 '지속 가능한 바람'이 되어야 할 것입니다.

> ✓ 이번엔 반짝 열풍이 아닌, 체온처럼 오래가는 신뢰가 필요하다.
> ✓ 그들이 사기 전에, 우리가 스스로 가치를 알아봐야 한다.

2026년 코스피 예상: 기본 3,500, 잘 가면 4,000도 가능

방송에 나가면 "코스피 어느 수준까지 보세요?"라는 질문을 이제 종종 받습니다.

사실, 요즘처럼 증시에 관한 관심이 커지는 시기일수록 이 질문에 섣불리 수치를 제시하는 건 괜한 논란을 자초할 수 있는 일이기도 합니다.

하지만 2024년 말부터 2025년 상반기 내내 한국 증시의 강세 전환 가능성을 누구보다 꾸준히 강조해온 필자로서는 다시 한번 나의 관점을 분명히 밝힐 수밖에 없는 순간입니다.

"2026년 코스피 3,500포인트는 갈 거로 봅니다. 미국이 금년 하반기에 빅컷Big Cut이라도 한다면 국내 금리도 따라 내려가면서 코스피 목표를 더 위로 봐도 되는 상황이 올 수도 있습니다."

물론 이는 단순한 숫자만의 예측을 넘어, '지배구조 개선 → 수익성 반등과 기업 이익의 증가 → 자본 효율화를 통한 ROE 개선 → 밸류에이션 재산정'이라는 '질서 있는 리레이팅의 서사'가 전제될 때 가능한 시나리오입니다.

실제로 국내외 주요 증권사 및 외국계 IB의 중장기 전망도 점차 상향 조정되고 있습니다.

국내 주요 증권사들은 2026년까지 코스피가 3,200~3,800p까지 상승 가능하다고 보고 있습니다. 특히 삼성증권, NH투자증권 등은 반도체 업황의 강한 회복, AI 관련 신산업 수요의 급증, 연기금의 국내 주식 리밸런싱 등을 근거로 상단을 점차 높여 잡는 분위기입니다.

외국계 증권사 중 모건스탠리와 골드만삭스는 코리아 디스카운트 완화와 기업지배구조 개선에 따른 밸류에이션 상승 여력을 강조하며, 중장기적으로 MSCI 선진국 지수 편입을 전제로 4,000p까지도 가능하다는 처지를 밝힌 바 있습니다. CLSA는 더 보수적이지만, 이익 사이클 회복에 따른 자연스러운 PER 복귀를 전제로 2026년 코스피 3,300~3,600p 수준을 예상합니다. 급기야 JP 모건은 2년 내에 코스피가 5,000p까지도 오를 수 있다는 전망을 내놓기도 했습니다.

요약하자면, 현재의 기업 이익과 밸류에이션 수준을 반영한 기본 추정치는 3,500p, 구조적 변화와 금리 인하, 글로벌 자금 유입이 동반되는 낙관적 시나리오는 4,000p에 가깝습니다. 2026년은 단순한 반등 연장이 아니라 한국 증시의 구조적 '리레이팅re-rating'이 더욱 본격화될 가능성이 있는 전환의 해가 될 수 있습니다. 기업으로 보자면, 'SK하이닉스가 끌고 삼성전자가 미는 2026년 시장'이 될 전망입니다.

한편, 미국에서는 조만간 트럼프 대통령이 차기 연방준비제도Fed 의장을 지명할 것으로 보입니다. 현재 하마평에 오르고 있는 후보들은 대체로 금리 인하에 우호적인 비둘기파 성향으로 평가받고 있으며, 이로 인해 시장에서는 한 번에 기준금리를 1%포인트 인하하는 'Big Cut' 시나리오까지 거론되고 있습니다.

이는 단순한 완화 정책 이상의 의미를 갖습니다. 기준금리 인하가 현실화 될 경우, 특히 시장이 기대하는 수준인 0.5%포인트를 초과하는 인하가 이뤄진다면, 이는 강력한 유동성 랠리를 촉발하는 촉매가 될 수 있습니다.

다만 변수는 여전히 존재합니다. 대외금리 환경, 미·중 갈등, 원화 강세 여부 등 글로벌 매크로의 위험 요인은 지속적인 점검이 필요합니다. 그런데도, 국내 증시의 체력과 구조 개선 흐름은 과거와는 다른 궤적을 형성하고 있다는 점에서, 'KOSPI 4,000'은 더 이상 꿈만은 아니라고 봅니다.

- ✓ 이제는 '리바운드'가 아니라 '리레이팅'이다.
- ✓ 2026년은 '이익의 힘'과 '정책의 방향'이 맞물리는 첫 해가 될 것이다.

7장 | 상법 개정, 시장 체질을 바꾼다

지배구조 개혁, 진짜 시작될까?

"고려아연에 대한 적대적 인수·합병을 방어하는 데 소액주주를 희생하는 것 아닙니까?"

2024년 10월, 영풍·MBK 연합의 경영권 도전 직후, 고려아연은 약 1.8조 원 규모의 대규모 유상증자를 추진해 지배권을 강화하려 했습니다. 이에 동사는 공정위 및 금융감독원 조사 대상이 됐습니다. 인수·합병 방어용 수단(유상증자 차단, 차등의결권, 경영권방어 장치 등) 도입이 지배주주의 권한 강화와 소액주주 희생이라는 비판을 받으며, 상법·상장법인법 개정 논의의 핵심 소재로 떠 올랐습니다.

아이러니하게도 잊을 만하면 잡음Noise을 일으키는 기업들 때문에 상법 개정의 필요성이 시장 참여자들에게 점점 각인되는 계기가 됐습니다.

고려아연 적대적 인수·합병 일지 (2024~2025)

자료: 더프레미어 정리

날짜	주요 사건	내용 요약
2024.09.13	공개매수 개시	영풍+MBK가 약 33% 지분 확보 시도, 적대적 인수·합병 본격화
2024.09.18	사내 반대 표명	고려아연 임직원·기술진, 기술 유출 및 인력 이탈 우려 표명
2024.09.24	CTO 기자회견	'국가 핵심기술 보호' 명분으로 PE 인수 반대
2024.10.01	방어 시작	고려아연, 2.7조 원 규모 자사주 매입 발표
2024.10.05	공개매수 조건 공개	MBK, 주당 83만 원 제시 + 지배구조 개혁안 언급
2024.10.11	공개매수 가격 인상	83만 원 → 89만 원으로 상향 조정
2024.10.14	공개매수 종료	영풍+MBK, 목표 지분 7% 중 약 5.34% 확보에 그침
2024.10.21	법원 판단	양측 가처분 신청 모두 기각 → 공개매수 종료 공식화
2024.11.20	경영진 입장	"적대적 인수·합병 철회, 자율적 지배구조 개선 검토" 발표
2024.12.10	정부 대응 요청	산업부에 '핵심기술 지정' 신청으로 방어 장치 확보 시도
2024.12.15	공방 심화	MBK, 기업가치 훼손 주장 ↔ 고려아연 '시장 교란' 반박 자료 배포
2024.12.31	법적 분쟁 계속	MBK 측 가처분 추가 제기, 노조·주주단체 강력 반발
2025.02월	명분 전환	MBK, 지배구조 개선 목적의 공개매수"로 입장 선회 → 그러나 반발 여전

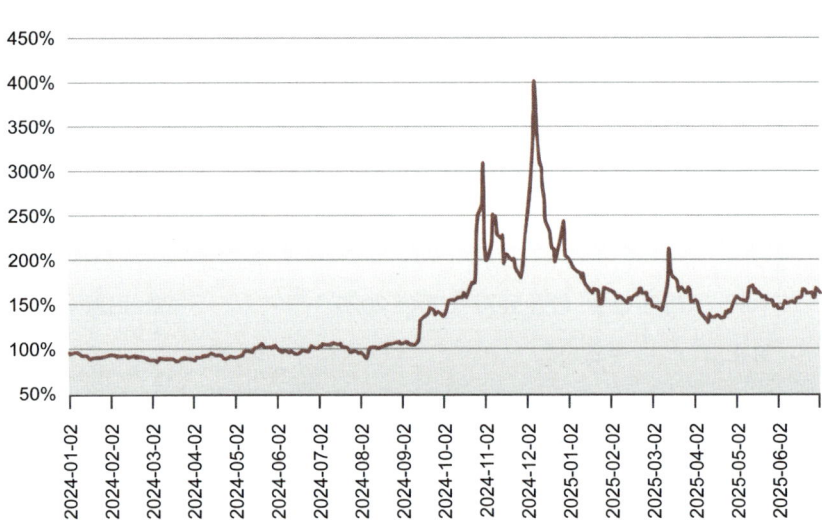

한국 증시가 MSCI 선진국 지수에 편입되기 위해서는 무엇보다 기업 지배구조의 개선이 필수적입니다. 해외 투자자들은 단순한 재무 성과뿐 아니라, 기업이 얼마나 투명하고 주주 친화적으로 운영되는지를 중요하게 평가합니다. '코리아 디스카운트'의 핵심 원인 중 하나도 바로 취약한 지배구조였습니다.

2025년 7월 국회에서 통과된 상법 개정안은 이러한 구조적 한계를 극복하기 위한 핵심 방안으로 평가받고 있습니다. 이번 개정안에는 '이사의 주주 충실의무', '전자주총제 도입', 그리고 '3% 룰 확대'가 포함되어 있습니다. 이 세 가지는 모두 주주 권리 강화와 경영 투명성 제고를 통해 한국기업 지배구조의 질적 도약을 목표로 합니다.

먼저 '이사의 주주 충실의무'는 경영진이 주주 전체의 이익을 최우선으로 생각하고, 충실히 의무를 이행하도록 법적으로 명확히 하는 조치입니다. 이는 경영진과 주주 간 신뢰 회복을 돕고, 기업경영의 투명성을 높이는 데 중요한 역할을 할 것입니다. 해외 투자자들은 이처럼 주주 친화적 경영을 매우 중시하는데, 이 제도의 도입은 MSCI 선진국 지수 편입을 위한 신뢰 회복의 기반이 됩니다.

'집중투표제'는 이사 선임 시 한 주주가 가진 모든 의결권을 특정 후보자에게 몰아줄 수 있는 제도입니다. 소액주주도 자신이 지지하는 이사를 선임할 수 있도록 하여 이사회 다양성과 독립성을 높입니다. 기존 다수결 방식에서는 다수 주주에 의해 소액주주의 의견이 묻히는 경우가 많았지만, 집중투표제 도입은 주주 권리 균형에 큰 전환점이 됩니다. 선진국 지수 편입을 노리는 한국 증시가 주주 권리 보호를 강화하는 중요한 신호인 셈입니다.

'3% 룰 확대'는 공표 후 1년 경과 후에 시행될 예정인데, 이번 개정으로 최대주주는 모든 감사위원의 선임 및 해임 시 의결권이 3%로 제한되게 될 것입니다. 이로써 소액주주가 경영 감시에 참여할 수 있는 방법이 늘어난 셈입니다. 이는 한국 기업경영의 투명성과 책임성을 강화하는 데 큰 역할을 할 것으로 기대됩니다.

이러한 일련의 상법 개정은 단순한 법률 조정이 아니라, 한국 기업문화와 투자환경 전반에 변화를 촉진하는 출발점입니다. 특히 글로벌 자본시장에서 신뢰와 책임경영을 중시하는 기관 투자자들의 기준에 부합함으로써 MSCI 선진국 지수 편입의 필수 조건을 갖추는 길이기도 합니다. 이번 상법 개정과 지배구조 혁신은 한국 시장이 '코리아 디스카운트'를 해소하고, 선진국 지수 편입을 통한 글로벌 자본 유입을 견인할 중요한 첫걸음입니다.

- ✓ 지배구조가 바뀌면, 자본의 흐름이 달라진다.
- ✓ 이제는 '왜 투자하지 않는가'가 아닌, '왜 투자하지 않을 수 없는가'를 만들어야 할 때다.

5. 자사주 소각, 주주환원의 정점인가?
지배구조의 전환점인가?

"향후 10조 원 규모 자사주 매입… 삼성전자의 의지는 숫자로 말합니다."

2024년 11월, 삼성전자는 총 10조 원 규모의 자사주 매입 계획을 전격 발표했습니다. 이 중 8.3조 원은 매입 후 소각, 나머지 1.7조 원은 임직원 주식보상 프로그램에 활용될 예정이라고 밝혔습니다.

이 조치는 2024년 하반기 삼성전자 주가 급락 이후, 투자자 신뢰 회복과 주주가치 제고를 위한 실질적 조치로 평가되었고, 2017년 이후 최대 규모의 환원 프로그램으로서 시장에 강한 시그널을 던졌습니다.

발표 직후 삼성전자 주가는 약 6% 급등하며 긍정적 반응을 이끌었고, 2025년 7월 현재까지 삼성전자는 자사주 매입을 꾸준히 이어오고 있습니다. 2025년 7월말 현재 주가는 7만 원선을 회복하며, 정책 효과가 가격에 점차 반영되고 있는 국면이라 할 수 있습니다.

자사주 매입·소각의 핵심 메시지는 분명합니다. 기본적으로 상장주식 수 감소 → EPS·BPS 상승를 통해 밸류에이션의 정상화를 꾀합니다. 동시에 기업의 책임 있는 자본배분전략을 통해 시장의 신뢰를 회복하겠다는 것으로도 해석 가능합니다.

삼성전자의 결단은 단순한 일회성 이벤트가 아니라, '주주환원의 기준을 한 단계 끌어올린 이정표'로 작용하고 있다는 점에서 더욱 중요한 의미를 갖습니다.

자사주 소각 & 실행 (2023~2024)
자료: 더프레미어 정리

시기	기업명	자사주 소각 내용	배경 / 논의 성격
2023.02.	삼성물산	향후 5년간 자사주 전량 소각 계획 승인 (약 3조 원)	지배구조 개선 및 주주환원 의지 시사
2023.02.	현대자동차	보통주 1% 소각 완료	주가 안정 및 주주가치 제고 목적
2023년 전후	기아, 현대모비스, SK홀딩스 등	자사주 매입 후 일정 비율 소각 (기아: 2.5조 중 절반 소각 예정)	ESG 및 자본시장 개혁 정책 대응
2023년	셀트리온, KB금융, 신한금융 등	자사주 소각 규모 각각 886억, 572억, 386억 원 기록	금융사 중심 대량 소각, 주주가치 중심 흐름
2023년	상장사 전반	자사주 매입 8.3조원·소각 4.7조원	정부 '기업가치 제고 프로그램' 영향, 주주권익 강조
2024.02.	삼성전자	3,200억 원 규모 자사주 매입·소각 (4,398,135주, 8/14 소각)	직접 소각으로 배당 대신 주주환원
2024.07.월	삼성전자	추가 4,000억 원 자사주 매입·소각 결정	연간 소각 확대, 배당 외 소각 병행
2024.11.	삼성전자 전사	10조 원 규모 자사주 매입 → 3조 원 소각 계획 발표	주가 하락 대응 및 주주가치 제고
2024년	상장사 전반	자사주 매입 총 14.3조원·소각 12.1조원	주식시장 침체에 따른 주가 하락 방어 목적

최근 정부가 자사주 의결권 제한 방침을 재확인하며, 자사주를 단순 보유하거나 매각하는 대신 소각을 통한 주주가치 제고가 새로운 흐름으로 떠오르고 있습니다. 자사주 소각은 발행 주식 수를 줄여 남은 주주의 지분가치를 끌어올리는 가장 직접적인 수단입니다. 주당순이익EPS과 주당순자산BPS이 자동으로 상승하며, PER과 PBR 같은 핵심 밸류에이션 지표가 이전보다 저평가 상태로 내려감에 따라 긍정적인 영향을 줍니다. 시장에서는 이를 '주가 재평가Rerating'를 유도하는 강한 신호로 인식합니다.

그러나 모든 기업이 이를 반길 수는 없습니다. 자사주는 오랫동안 최대 주주의 경영권방어 수단으로 활용됐고, 소각은 이 '우호 지분'을 스스로 줄이는 행위이기 때문입니다. 따라서 지배구조가 불안한 기업일수록 자사주 소각을 꺼리고, 반대로 지배력이 안정된 대형 우량기업이나 글로벌 투자자와의 신뢰 회복이 절실한 기업은 소각을 적극적으로 검토하고 있습니다.

특히, ESG 시대에 자사주 소각은 단순한 이벤트를 넘어 자본 효율성과 주주 친화 정책에 대한 기업 철학을 드러내는 수단이 되고 있습니다. 국내 자본시장이 저평가에서 벗어나기 위해서는 ROE 개선과 함께 실질적인 주주환원이 병행돼야 한다는 점에서, 자사주 소각은 이제 단순한 선택이 아닌 기업가치 제고의 구조적 해법으로 여겨집니다.

결국 핵심은 '왜 없애는가, 없애고 무엇을 바꾸는가'에 있습니다. 자사주 소각은 지배구조, 재무전략, 시장 신뢰의 삼각 축을 흔드는 작지만 깊은 균열이자, 새로운 질서로의 전환점입니다.

✓ 지분은 줄어도 신뢰는 늘어난다. 자사주 소각은 시장과의 약속이다.
✓ 버티는 기업은 남고, 소각하는 기업은 올라간다.

3% 룰: 가보지 않은 길

2025년 7월 임시국회 통과 예정인 상법 개정의 핵심 중 하나는 '3% 룰'의 적용 강화입니다. 3% 룰이란, 상장회사의 감사위원 분리 선출 시 대주주 의결권을 3%로 제한하는 제도입니다. 이는 대주주의 영향력을 줄여 감사위원의 독립성과 견제 기능을 확보하려는 취지입니다. 이번 개정은 그 범위를 확장해 자사주, 특수관계인, 계열사 지분 등 우회적 지배력까지 3% 제한 대상에 포함합니다.

제도의 취지는 분명합니다. 기업 감시 기능을 독립시켜 경영 투명성을 높이고, 소액주주 보호를 강화하는 것입니다. 그러나 기업 현장에서는 제도의 실효성과 부작용을 둘러싸고 논쟁이 치열합니다.

3% 룰 쟁점 사항

자료: 더프레미어 정리

쟁점 항목	내용 및 배경	주요 논란 / 쟁점
신고 의무 기준	주식 보유가 3% 이상일 때 보유 사실 신고 의무 발생	3% 이상부터 신고가 필요한 시점과 신고 지연 시 과태료 부과 기준에 대한 해석 차이
신고 시점	취득 후 5영업일 내 신고해야 함	실제 신고 지연 시 처벌 강화 필요성 및 불명확한 신고기준에 대한 혼란
목적과 실효성	대규모 주주 변동을 시장에 투명하게 알리기 위한 제도	'깜깜이' 거래 방지 목적이나 소액주주 보호에 한계 존재, 신고 누락 사례 빈번
지분 변동 누락 문제	실제 보유 지분을 신고하지 않는 사례 발생	신고 누락 시 제재 강화와 처벌 기준 엄격화 요구
3% 기준의 적정성	3%가 적정한 임계점인가?	너무 낮거나 높은 기준 설정에 따른 시장 유동성 영향과 경영권 보호 문제
신고 내용의 상세 수준	지분 변동 내용, 목적, 계획 등의 상세 공개 여부	기업 기밀 노출 우려와 투자자 정보 제공 간 균형 필요
외국인 투자자 및 기관 투자자 대상	해외 투자자도 동일하게 적용되나 집행과 해석 문제 발생	해외 투자자의 신고 규정 준수 강제 및 국제 기준과의 조화 문제
과태료 및 처벌 수위	위반 시 과태료 부과, 형사처벌 가능	과태료 수준의 현실적 타당성과 경영권 분쟁 악용 가능성
실시간 공시 강화 요구	전산 시스템 활용한 실시간 신고 및 공시 필요	기술적 인프라 미비와 기업 부담 증가 우려
상장사별 규제 형평성	대기업과 중소기업 간 신고 의무 및 부담 차이	중소기업 경영 부담 가중 우려와 차등 적용 필요성

대표적인 사례가 2024년 LG화학 주총입니다. LG화학은 물적분할을 통해 상장한 LG에너지솔루션 지분을 보유 중인데, 해당 자사주가 3% 룰 적용에서 제외되는지가 논란이 됐습니다. 이에 따라 감사위원 선출 과정에서 대주주의 의결권 범위와 자사주 처리 방식이 시장의 관심을 집중시켰습니다. 결과적으로 소액주주 단체들은 '자사주를 통한 지배력 유지가 감사위원 선임에도 영향을 주고 있다'라며 법 개정의 실효성을 문제 삼았습니다.

이처럼 3% 룰은 '지배구조의 판'을 바꾸려는 시도지만, 동시에 경영권 안정성 약화, 의결권 침해 논란, 제도 우회 시도 등 새로운 갈등을 야기하고 있습니다. 특히 일각에서는 대주주의 권리를 과도하게 제한하면, 기업가 정신과 장기 전략에도 부정적 영향을 줄 수 있다고 우려합니다.

그럼에도 불구하고, 3% 룰은 한국 자본시장이 '지배-견제 균형'으로 나아가기 위한 중요한 분기점입니다. 제도의 완성은 법 개정에만 달린 것이 아닙니다. 기관 투자자의 적극적 참여, 소액주주 결집, 사외이사 독립성 확보 등 복합적 노력이 뒷받침되어야만 가능합니다.

지금은 불편하고 낯설 수 있지만, 이 길은 결국 시장을 성숙하게 만들 '가보지 않은 길'입니다.

- ✓ 3% 룰은 숫자가 아니라, 권력의 균형을 말한다.
- ✓ 이제 기업경영은 더 이상 일방통행이 아니다. 감시와 견제, 그 균형 위에 신뢰가 서야 한다.

인수합병시, 시가 적용방식은 적절한가?

"2015년 삼성물산-제일모직 합병시 시가 방식은 합당했나요?"

기업 인수합병(인수·합병)에서 현행 '시가' 기준 합병비율 산정 방식은 여러 문제점을 안고 있습니다. 대표적인 사례가 2015년 삼성물산-제일모직 합병으로, 이를 통해 현 제도의 한계를 명확히 확인할 수 있습니다. 결과적으로 법적·검찰 조사로 비화 되며, 합병과정의 '시가 산정 관련 불공정성'으로 인해 검찰은 이재용 부회장 등 경영진을 기소한 바 있습니다.

시가는 시장에서 형성되는 주가를 의미하지만, 이는 수급이나 투자심리, 유동성 등 단기 요인에 크게 좌우됩니다. 따라서 기업의 본질가

주요 쟁점 사항 정리

자료: 더프레미어 정리

쟁점	내용
시가 기준의 적정성	합병비율 산정에 시가를 사용한 것이 공정한가? 시가가 일시적으로 조작된 것 아니냐는 의혹 제기
시장 가격 왜곡 가능성	당시 제일모직 주가는 삼성전자 지분가치가 포함된 프리미엄이 반영돼 실제 사업 가치 대비 과대평가 됐다는 비판
소액주주 피해 우려	삼성물산 주주들이 상대적으로 불리한 합병비율 때문에 손해를 본다는 주장
내부 정보 이용 의혹	합병 전에 제일모직 주가가 급등한 배경에 대해 시장 조작 또는 내부자 거래 의혹 제기
합병 가치평가 방법론 문제	장부가치, EBITDA, 순자산가치 등 다른 가치평가 방식이 무시됐다는 점
법적·검찰 조사로 비화	합병과정의 시가 산정 관련 불공정성으로 인해 검찰이 이재용 부회장 등 경영진을 기소함

치나 장기 성장 가능성을 정확히 반영하지 못하는 경우가 많습니다. 특히 합병과정에서 시가가 인위적으로 조작될 가능성도 존재합니다. 삼성물산-제일모직 합병 당시 삼성물산 주가는 합병 전 일부러 낮춰졌다는 의혹이 제기되었고, 이에 따라 제일모직 주주들이 유리한 합병비율을 확보해 지배력을 강화했다는 비판이 나왔습니다. 이런 구조는 소액주주들의 권익을 침해하는 결과를 낳기도 합니다.

이 같은 문제를 해결하기 위해 '공정가액' 기준을 도입하는 방안이 대두되고 있습니다. 공정가액은 회계·금융 전문가들이 자산가치, 수익성, 시장 비교 등을 바탕으로 기업의 내재가치를 산정하는 방법으로, 단기 시가 변동에 휘둘리지 않는 장점이 있습니다. 이를 통해 더 객관적이고 공정한 합병비율 산정이 가능해지며, 소액주주 보호에도 긍정적입니다.

하지만 공정가액 산정 역시 완전한 해법은 아닙니다. 평가 방법에 따라 결과가 달라질 수 있고, 평가기관의 독립성과 공정성을 담보하지 못하면 또 다른 불공정 사태가 발생할 수 있습니다. 또한 기준이 모호하거나 분쟁 소지가 발생할 가능성도 존재합니다.

따라서 이상적인 합병비율 산정 방식은 시가와 공정가액을 혼합 적용하고, 독립적인 제3의 평가기구가 감시하는 다중 안전장치를 갖추는 방향으로 나아가야 합니다. 삼성물산-제일모직 합병은 형식적 합병이 지배구조 강화 수단으로 전락할 수 있음을 보여준 사례로, 공정하고 투명한 가치평가 시스템 도입의 필요성을 일깨운 전환점이라 할 수 있습니다.

- ✔ 가치 왜곡 없는 투명한 합병만이 '건강한 기업 생태계'를 만든다.
- ✔ 진정한 가치를 반영하는 '공정한 시장'의 출발점이어야 한다.

말 많고 탈 많은 물적분할

"LG화학의 물적분할, 여전히 상처로 남아 있습니다."

유튜브 '815머니톡'에 출연할 때마다 '물적분할'이라는 단어만 나오면 진행자가 어김없이 꺼내는 한마디가 있습니다. "LG화학 때문에 손해가 컸어요."

2020년 9월, LG화학이 배터리 사업부를 물적분할해 'LG에너지솔루션'을 설립하겠다고 발표했을 때, 시장은 곧바로 강하게 반응했습니다. 주가는 급락했고, 소액주주들은 거세게 반발했습니다.

이유는 명확했습니다. 핵심 성장 동력을 모회사에서 떼어내는 행위는 곧, 소액주주 권리의 침해였습니다. LG화학 주주는 미래 핵심 산업인 2차전지의 가치를 온전히 누릴 수 없게 되었고, 분할 이후 상장된 LG에너지솔루션의 성장은 LG화학 주주들에게 직접적인 수익으로 환원되지 않았습니다.

이 사건은 단순한 기업 구조조정이 아니라, '주주가치란 무엇인가'에 대한 시장의 근본적인 질문을 던지는 계기가 되었고, 그 불신과 상처는 지금도 많은 투자자들 뇌리에 또렷하게 남아 있습니다.

최근 기업경영과 자본시장에서는 물적분할을 둘러싼 논란이 끊이지 않았습니다. 물적분할은 한 기업이 기존 사업 부문을 떼어내 별도 법인으로 만드는 것으로, 사업 전문성 강화와 경영 효율성 제고, 신규 자금 조달에 장점이 있습니다. 하지만 과정과 결과에 따라 문제도 많았습니다.

첫째, 기존 주주의 권리 희석 문제가 심각합니다. 신설 법인이 별도 상장할 경우, 모회사는 100% 지분을 보유하지만 기존 주주는 자회사 주식을 배정받지 못해 지분가치가 희석될 위험이 큽니다. 이에 소액주주들의 반발과 소송도 이어지고 있습니다.

물적분할 논란 주요 사례 요약
자료: 더프레미어 정리

기업명	분할 시점	분할 내용	주요 논란	시장/주주 반응
LG화학	2020.09	배터리 사업부 물적분할 → LG에너지솔루션 설립	핵심 성장사업 분할 후 상장으로, 모회사 주주 가치 훼손 우려	소액주주 반발 → 주가 급락, 경영진 "100% 자회사 지분 유지" 해명
SK이노베이션	2021.08	배터리 사업부 분할 → SK온 설립	향후 상장 가능성 및 SK이노베이션 주주가치 희석 우려	주가 하락, 국민연금 등 기관도 우려 표시
카카오	2021~2022	카카오페이·모빌리티·엔터 등 연쇄적 물적분할 → 독립 상장	지배구조 복잡화, 기존 주주 소외 구조	'카카오 공동체 분할' 비판, 상장 후 내부자 매도 논란 확대
포스코	2022.01	지주회사 전환 → 포스코홀딩스/포스코 분할	물적분할 자체보다는 '지주회사 전환'에 따른 지배구조 투명성 논란	당시 소액주주 반발 있었으나 주가 반등으로 진정
한화솔루션	2023.10	큐셀(태양광) 사업부 분할 추진 → 상장 검토	핵심 사업 상장으로 지분 희석 가능성 제기	한화 측, "단기 상장 계획 없다" 해명 후 일부 진정

둘째, 경영권방어 수단으로 물적분할을 악용하는 사례도 있습니다. 핵심 사업을 자회사로 분리하고 본사는 비주력 사업만 남겨 본사 가치가 떨어지면, 적대적 인수·합병이나 경영권 위협을 방어하기 쉬워집니다. 하지만 이는 장기적으로 기업가치 훼손과 시장 신뢰 하락을 초래합니다.

셋째, 투명성과 공시 문제도 꾸준히 지적됩니다. 물적분할 과정에서 대주주나 경영진의 이해관계가 우선되면서 투자자 보호가 미흡하다는 비판이 많습니다. 이에 금융당국도 규제 강화와 공시 확대를 추진 중입니다.

최근에는 물적분할 후 자회사 상장 시 모회사 주주에게 자회사 주식을 배정하는 상법 개정안이 논의됐습니다. 이 제도는 소액주주 권리 보호와 투자자 신뢰 회복에 긍정적일 수 있으나, 배정 비율 산정, 주주 간 형평성, 경영권 안정성 문제 등 현실적인 과제가 남아있습니다. 자본 구조 변화와 세무 이슈도 함께 고려해야 합니다.

결론적으로, 물적분할은 경영 효율화 수단이지만 주주권익 보호와 투명성 강화 없이는 부작용이 큽니다. 자회사 주식 배정 의무화 등 제도 개선과 세심한 설계가 필요하며, 투자자도 신중한 접근이 요구됩니다.

> ✓ 물적분할은 '투명성 없는 변화'가 아닌 '신뢰를 담보한 혁신'이어야 한다.
> ✓ 주주 권리 보호 없이는 기업 성장도, 시장 신뢰도 모두 허울뿐이다.

‘중복상장, 쪼개기 상장'은 이제 끝?

"암소인 줄 알고 샀는데 송아지가 남의 것"

이는 이재명 대통령이 물적분할 및 중복 상장 문제를 비판하며 자주 사용했던 상징적 비유입니다. 주식을 보유한 투자자는 미래 성장의 열매까지 함께 나눌 줄 알고 기업에 투자했지만, 정작 핵심 자산이 별도 법인으로 분할되고 상장되면서 실질적인 성장의 과실은 다른 주체에게 돌아가는 현실을 꼬집은 것입니다.

2020년대 초반 잇따른 물적분할 및 자회사 상장 사례 속에서 기존 소액주주들은 지분 희석, 주가 하락, 경영권 희석 등의 피해를 호소해 왔고, 그 과정에서 이 비유는 '성장 과실의 박탈'을 가장 직관적으로 표현한 한 줄 요약으로 통용되었습니다.

이 발언은 결국, 지배주주와 일반 주주 사이의 기회 공유 구조가 얼마나 왜곡돼 있는지, 상법 개정의 절박한 필요성이 어디에 있는지를 보여주는 상징적 언어로 읽힙니다.

'중복상장' 혹은 '쪼개기 상장'이라 불리는 구조는, 하나의 그룹 또는 기업 내부의 사업 부문을 자회사로 나눈 후 해당 자회사를 다시 상장시키는 방식입니다. 대표적으로는 지주회사-사업회사 체제에서 자회사를 IPO 시켜 그룹 전체의 기업가치를 띄우려는 전략이 자주 쓰입니다. 이는 자본조달, 그룹 위험 분산, 혹은 계열분리 사전 포석 등 다양한 목적을 띠지만, 동시에 기존 모회사 주주의 가치 희석과 지배구조 왜곡이라는 측면에서 비판이 적지 않았습니다.

이제 이재명 대통령 취임과 함께 SK이노베이션이 윤활유 부문을 때서 상장을 추진하던 SK엔무브의 IPO가 불투명해졌습니다. 정책 환경의 변화 가능성을 보여주는 신호탄이기도 합니다.

과거에는 기업들이 이런 방식의 상장을 비교적 자유롭게 추진할 수 있었고, 감독기관은 명시적 제재보다는 절차적 요건 충족 여부에 초점을 맞춰왔습니다. 그러나 새로운 정부 들어 자본시장 내 공정성, 특히 소액주주 권익 보호와 기업지배구조 개선이 강조되면서 분위기가 바뀌고 있습니다.

상법 개정안에 직접적으로 '중복 상장 제한' 조항이 포함된 것은 아니지만, 실무 감독기관에서 '비공식적 지도', '사전 심사 강화', '시장 신뢰 회복을 위한 가이드라인 제정' 등 보다 미묘하고 실질적인 조처를 하는 모습입니다. 즉, 법 개정 없이도 현실적으로 통제가 강화되고 있는 것입니다.

이러한 변화는 시장의 정서와도 맞물려 있습니다. '물적분할 후 자회사 상장'으로 피해를 본 기존 투자자들이 적극적으로 반발하면서, 기관투자자들 또한 주총 표결을 통해 반대표를 던지는 사례가 늘고 있습니다. 특히 ESG 흐름 속에서 '지배주주 이익 중심의 상장 구조'는 비판적 시선을 받고 있으며, 국민연금 등 장기 투자자들도 이와 같은 구조에 대해 적극적으로 의견을 개진하고 있습니다.

SK그룹 사례는 상징성이 큽니다. SK는 시장 분위기와 정부 당국의 암묵적 제동, 그리고 중장기적 기업가치 훼손 우려를 고려해 전략을 바꾼 것으로 보입니다. 이는 다른 대기업들에도 '경고 메시지'가 될 수 있습니다. 단순히 상장만으로 기업가치를 높이고 지배구조를 유지하려는 방식은 이제 더 이상 용인되지 않을 수 있습니다.

결국 이재명 정부하에서는 쪼개기 상장이나 중복 상장 전략이 과거처럼 묵인되기 어려운 환경에 놓이게 될 것입니다. 법률 개정보다는 실질적인 규제와 '시장 내 압박'이 중심이 될 것이며, 기업들은 투명한 지배구조 개편을 요구받을 것입니다. '상장이 곧 성장'이라는 공식은 약해지고 있으며, '시장과 소통하며 상장하는 방식'이 강조되는 시대가 도래한 셈입니다.

- ✔ 쪼개기 상장은 더 이상 단순한 재무전략이 아니다.
- ✔ SK의 IPO 철회는 이재명 정부 시대 자본시장 기류 변화를 보여주는 이정표다.

📈 마찰은 필연, 구조개혁은 길다.

"상법 개정되면 소송이 남발돼 경영 차질이 우려된다?"

상법 개정 논의가 있을 때마다 반복되는 주장이 있습니다. "소송이 남발되면 기업경영이 위축될 수 있다." 하지만 이 주장은 이제 오래된 레코드처럼 진부하게 들리는 상투적 반박입니다. 현실은 정반대에 가깝습니다.

소송 남발 우려는 과장 혹은 기우일 가능성이 큽니다. 선진국들은 이미 오래전부터 이사의 책임 강화를 통한 주주대표소송 제도를 운용하고 있으며, 이를 통해 기업의 투명성과 책임경영을 촉진하는 효과를 거두고 있습니다.

한국은 아직도 많은 기업에서 이사가 독립성과 전문성보다 대주주의 거수기 역할에 머무는 관행이 남아 있으며, '충실의무fidelity duty'의 실질적 이행이 구조적으로 미흡한 상황입니다.

경영 감시를 강화하는 것이 단순히 소송 위험을 키우는 것이 아니라, "기업 신뢰와 장기 주주가치 제고의 근간이 될 수 있다"는 점을 간과해선 안 됩니다.

한국 증시가 새로운 도약을 준비하는 가운데, 상법 개정은 기업 지배구조 혁신과 시장 신뢰 회복을 위한 필수적인 변화로 자리 잡고 있습니다. 그러나 이러한 제도적 개혁은 단기간에 순조롭게 마무리되기 어려우며, 일정한 '마찰적 기간'을 거쳐야 하는 것이 현실입니다.

최근 두 차례의 상법 개정안에는 집중투표제, 3% 룰, 이사의 주주 충실 의무 강화, 전자주총제 등 주주 권리를 확대하고 경영 투명성을 높이는 내용들이 포함되어 있습니다. 이는 주주와 경영진 간 권력관계의 재조정을 의미하며, 기존에 굳건히 자리 잡았던 기업 구조와 관행에 변화를 요구합니다. 따라서 일부 기업과 경영진, 그리고 기존 대주주들의 반발과 저항도 불가피합니다.

이 과정에서 단기적인 혼란과 불확실성이 발생할 수 있으며, 기업 경영 환경이 불안정해지는 듯한 인상을 줄 수도 있습니다. 주주 간 이해관계 충돌, 경영권방어 수단의 변화, 그리고 이에 따른 법적 분쟁 등이 일시적으로 증가할 가능성이 큽니다. 이러한 '마찰'은 구조적 개혁이 본격화되기 전 통과의례로 볼 수 있습니다.

하지만 장기적으로 보면, 이 마찰적 기간은 한국 시장의 체질을 강화하는 데 필수적인 성장통입니다. 더욱 투명하고 공정한 지배구조가 정착되면 해외 투자자들의 신뢰가 회복되고, 주주 친화적 기업 문화가 확산하여 기업가치를 높이는 선순환이 가능해집니다. 이는 MSCI 개도국 지수 내에서의 비중 증가, 더 나가서는 MSCI 선진국 지수 편입과 같은 세계 시장에서의 위상 제고에도 긍정적인 영향을 미칩니다.

따라서 투자자들은 상법 개정과 관련한 단기 변동성에 과도하게 반응하기보다, 이를 한국 증시의 구조적 전환을 위한 필수 과정으로 인식할 필요가 있습니다. 마찰을 넘어선 이후, 더욱 성숙하고 경쟁력 있는 시장이 열릴 것이라는 기대가 그 어느 때보다 중요합니다.

✓ 상법 개정에 따른 마찰적 기간은 불가피한 성장통이다.
✓ 변화는 고통을 수반하지만, 그 끝에는 새로운 도약이 기다리고 있다.

3부
K-증시, 5,000의 조건을 묻다

"증시 5,000 간다는데, 한 번 믿어봐도 될까요?"

코스피 5,000시대는 먼 미래의 이야기처럼 들리지만, 결코 불가능한 꿈이 아닙니다. 일본과 독일 같은 주요 선진국 증시의 상승 사례를 보면, 한국 증시도 충분히 그 길을 걸을 수 있다는 희망을 품게 됩니다.

일본은 한때 장기간 침체를 겪었지만, 근래의 정책 변화와 경제 구조 개편 등을 통해 증시가 힘차게 반등하고 있습니다. 독일 역시 강한 산업 경쟁력과 혁신으로 주가가 꾸준히 상승하는 모습을 보여주고 있죠. 이들의 경험은 우리 K-증시가 5,000을 바라보고 준비하는 데 중요한 시사점을 줍니다.

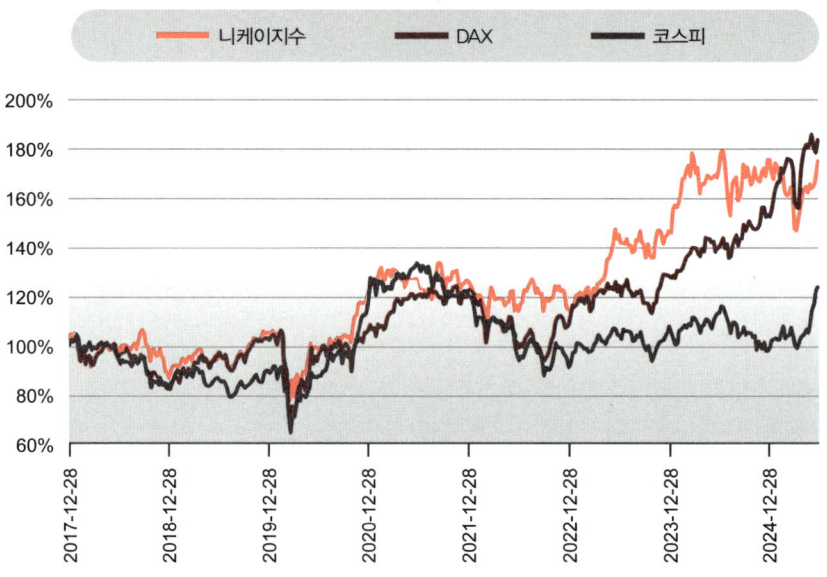

한국 증시가 5,000선을 넘기 위해서는 몇 가지 조건이 필요합니다. 우선, 기업들의 실적 개선과 국제 경쟁력 강화가 꾸준히 이어져야 합니다. 반도체, AI 등 미래 성장 동력이 확실해야 하겠습니다. 다른 한편으로는, '코리아 디스카운트' 해소를 넘어 '코리아 프리미엄' 형성을 위한 정책적 노력도 병행되어야 합니다.

MSCI 개도국 지수 내에서의 비중 확대에 이어, 장차 추진해야 할 MSCI 선진국 지수 편입 같은 국제적 인정도 큰 역할을 할 것입니다.

이는 외국인 투자 확대와 시장 신뢰도 상승으로 이어져, 투자자들의 자금 유입을 촉진할 것입니다.

일본과 독일 증시는 각기 다른 배경에서 시작했지만, 구조적 저평가를 벗어나 주가 재평가Rerating를 이끌어냈다는 공통점을 가집니다. 일본은 수십 년의 정체 끝에 정부 주도 아래 기업 지배구조를 개선하고, 주주환원 정책을 강화하면서 외국인 자금을 다시 끌어들였습니다. 독일은 전통 제조업 경쟁력을 기반으로 친환경 전환과 기술 혁신에 성공했고, 신뢰할 수 있는 시장 환경을 통해 글로벌 투자자들의 선택을 받았습니다.

이 두 나라의 공통점은 단순한 단기 반등이 아니라, 정책과 제도, 산업구조와 기업경영이 유기적으로 작동하며 시장 전반이 '신뢰의 재건'에 성공했다는 점입니다. 단기 테마가 아니라, 체질 개선을 통해 증시의 본질적 가치를 끌어올렸다는 데 그 핵심이 있습니다.

한국 증시 또한 지금 이 변곡점에 서 있습니다. 낮은 PBR, 낮은 배당성향, 대주주 중심의 지배구조, 불투명한 기업경영 등은 그동안 코리아 디스카운트의 원인으로 지적되어 왔습니다. 그러나 최근 들어 정부와 시장 모두 변화의 필요성을 인식하고, 자사주 소각, 배당 확대, 지주사 구조 재편 등 다양한 움직임이 나타나고 있습니다.

지금 한국 시장은 스스로를 바꾸기 시작한 초입에 있습니다. 만약 이 변화가 제도적으로 뒷받침되고, 기업들이 적극적으로 동참한다면 한국 증시도 마침내 '평가절하의 시대'를 끝내고, '제값 받는 시장'으로 전환될 수 있습니다.

코리아 디스카운트는 저절로 사라지지 않습니다. 그러나, 지금 우리는 '코리아 재평가'을 향한 첫걸음을 내디뎠습니다. 그리고 그 길은, 이미 선진국 증시가 걸어간 길이기도 합니다.

- ✓ 코스피 5,000선… K-증시의 미래는 이제 '스스로 변화하는 힘'에 달려 있다.
- ✓ 준비된 투자자에게는 곧 현실이 될 미래다.

8장 | 선진국 시장을 거울삼아

일본 증시의 재평가와 한국 시장의 유사성

1989년 말, 니케이225는 38,915포인트로 정점을 찍은 뒤, 일본은 장기적인 디플레이션과 저성장, 인구 감소, 기업의 낮은 수익성에 시달리며 '잃어버린 10년'을 넘어 '잃어버린 30년'으로 불리는 침체기를 겪었습니다. 이 시기 일본 증시는 세계 주요국 대비 저평가 상태에 머물렀고, 외국인 투자자들의 관심에서도 멀어졌습니다.

하지만, 한때 '잃어버린 30년'으로 불렸던 일본 증시는 최근 몇 년 새 완전히 다른 모습으로 변모했습니다. 1990년대 초 거품 붕괴 이후

일본 증시의 부활   자료: 더프레미어 정리

구분	1989년 정점	2023년 말	2025년 상반기
니케이225 지수	38,915	33,464	40,151
평균 배당성향	약 20%	약 36%	약 40%
외국인 동향	이탈	진입	사상 최대 순매수
PBR > 1 이상 기업	소수	169사 이상	증가중

일본기업의 배당성향   자료: 더프레미어 정리

구분	배당성향 목표
JPX(거래소 그룹)	60% 이상
일반 상장기업 평균	30~40%대
대형 종합상사	40~50%대

수십 년간 지지부진하던 주가는, 2020년대 들어 눈에 띄는 상승세를 보이며 역사적 고점을 돌파했습니다. 이 변화의 핵심에는 정부 주도의 지배구조 개선과 주주가치 제고 노력 등이 있습니다.

일본 정부는 2014년 '스튜어드십 코드' 도입을 시작으로, 기업들이 투명한 지배구조를 갖추고, 이익 일부를 배당이나 자사주 매입 등으로 주주와 나누도록 유도해 왔습니다. 2015년 도입된 '기업지배구조 코드'는 사외이사 확대, 불필요한 자산 매각, 자회사 구조 정리 등을 촉진했고, 이는 결국 기업의 수익성과 효율성을 높였습니다.

이러한 변화는 외국인 투자자들에게 신뢰를 주며 일본 시장의 재평가로 이어졌습니다. '낮은 PBR, 고질적 저평가' 상태였던 일본기업들이 점차 제 가치를 인정받기 시작한 것입니다. 2023년 3월 도쿄증권거래소TSE가 상장 기업에 1배 미만 PBR을 개선하라는 공식 요청을 했던 것은 강력한 정책 신호였습니다.

이러한 일본의 변화는 한국 증시와 놀라운 유사성을 보여줍니다. 한국 역시 오랜 기간 '코리아 디스카운트'라는 구조적 저평가에 시달려 왔으며, 낮은 PBR과 순자산가치 이하의 기업들이 다수 존재합니다. 여전히 대기업 중심의 지배구조, 낮은 배당성향, 불투명한 의사결정 구조 등은 한국 주식시장에 대한 글로벌 투자자의 경계를 불러오는 요인이었습니다.

하지만 최근 들어 한국에서도 지배구조 개선, 자사주 소각, 배당 확대 등 주주 친화 움직임이 나타나기 시작했습니다. 정부와 금융당국의 기업지배구조 개선 유도, 그리고 자본시장 선진화를 위한 제도 정비 등도 점차 힘을 얻고 있습니다.

따라서 지금은 일본의 성공 사례를 '거울' 삼아 한국이 바뀔 수 있는 황금 시간이라 할 수 있습니다. 만약 한국도 일본처럼 체계적이고 일관된 지배구조 개편과 주주환원 정책을 지속한다면, 글로벌 자금은 상당 부분 다시 돌아올 것입니다.

- ✓ '일본도 가능했다면, 한국도 가능하다.'
- ✓ 이제는 코리아 디스카운트에서 벗어나, '코리아 재평가'로 향할 시간이다.

🔼 독일 증시의 성공 포인트에서 배우기

팬데믹 이후 세계 주요국 증시가 요동친 가운데, 독일 증시는 유럽을 대표하는 안정성과 성장성을 바탕으로 인상적인 강세 흐름을 이어갔습니다. 특히 2023년 이후 독일 DAX 지수는 사상 최고치를 갈아치우며, 투자자들의 신뢰를 다시금 확인시켜 주었습니다. 2024년에 19%를 상승했던 DAX는 25년 연초 대비 21% 추가로 더 오르는 모습

독일 증시의 주요 변화
자료: 더프레미어 정리

구분	주요 내용
반도체·AI 산업의 부상	인피니언 테크놀로지스: 차량용 반도체·AI 칩 수요 증가로 주가 급등, SAP: 클라우드 기반 AI 솔루션 강화 → 유럽 시총 1위 기업 등극
정부의 산업정책 및 유럽 반도체 전략	독일 정부와 EU는 반도체 자급률 확대를 위해 대규모 보조금 지원, 드레스덴 등지에 첨단 팹(공장) 건설 → 중장기 성장 기대감 반영
외국인 자금 유입	미국·중국 리스크 회피 수요가 유럽 대형주로 이동
	독일은 유럽 내 가장 안정적인 제조업 기반으로 평가받으며 수혜
밸류에이션 매력	2023년까지 DAX의 PBR은 1 미만인 기업이 다수였으나, 2025년 현재 PBR 1 이상 기업 수가 169개 이상으로 증가

독일 DAX의 정량적 변화
자료: 더프레미어 정리

구분	2022년	2025년
평균 PER	약 11배	약 14배
평균 PBR	약 0.9배	약 1.2배
외국인 동향	이탈	사상 최대 순매수
평균 배당성향	약 35%	40%대

을 보이고 있습니다. 그 기저에는 실물경제의 경쟁력, 정책의 일관성, 그리고 자본시장에 대한 신뢰가 결합하여 있습니다.

독일 증시 강세의 가장 큰 원동력은 강한 제조업 기반과 고부가가치 산업구조입니다. 자동차, 기계, 화학 등 전통 강세 업종이 글로벌 수요 회복의 혜택을 받았고, 동시에 친환경 전환과 디지털화에 선제적으로 대응하며 기술력까지 끌어올렸습니다. 여기에 유럽연합EU의 정책 지원과 에너지 전환 관련 투자 확대로 산업구조 전반이 재평가받기 시작한 것이 주가를 밀어 올린 결정적인 요인이었습니다.

또한, 기업 지배구조의 안정성과 제도적 신뢰도 중요한 역할을 했습니다. 독일 기업들은 지속 가능한 성장과 장기 투자를 중시하고, ESG 경영을 일찍부터 도입해 글로벌 기관 투자자들로부터 높은 신뢰를 받아왔습니다. '단기 이익보다 장기 가치'를 우선시한 이들의 철학은 글로벌 자금 유입과 주가 안정성으로 이어졌습니다.

이 같은 흐름은 지금의 한국 시장에 강한 시사점을 던져줍니다.

첫째, 한국 역시 반도체, 자동차 등 세계적 경쟁력을 가진 산업 기반을 갖추고 있지만, 시장이 이를 충분히 반영하지 못하고 있다는 점입니다. 즉, 저평가된 한국 제조업 강자들이 독일처럼 재조명될 가능성이 열려 있는 셈입니다.

둘째, 정책의 일관성과 기업 지배구조 개선이 매우 중요합니다. 독일처럼 장기 투자자들이 믿고 자금을 맡길 수 있는 제도적 기반이 마련된다면, 외국인 자금 유입과 국내 투자자들의 신뢰 회복도 자연스럽게 뒤따를 것입니다. 한국 증시의 '재평가'을 위해서는 단순히 외부 환경이 좋아지기를 기다리는 것이 아니라, 내부 구조 개선과 신뢰 회복이 선행되어야 한다는 점을 독일은 잘 보여주고 있습니다.

셋째, 친환경·첨단 기술 산업에 대한 정책적 지원과 시장의 기대가 주가에 반영되는 구조가 한국에서도 가능하다는 신호입니다. 지금 한국 증시가 재도약을 준비하고 있다면, 산업 경쟁력과 정책지원, 제도개혁이라는 세 축이 함께 맞물릴 필요가 있습니다.

DAX의 리레이팅은 단순한 경기 반등이 아니라, 산업 구조 전환과 정책적 뒷받침, 그리고 글로벌 자금의 재배치가 맞물린 결과입니다. 독일은 이제 단순한 제조 강국을 넘어, AI·반도체·친환경 산업의 허브로 재평가되고 있으며, 이는 DAX 지수의 지속적인 리레이팅 가능성을 시사합니다.

- ✓ '실력 있는 시장'이 '믿을 수 있는 시장'으로 바뀔 때를 놓치지 말자.
- ✓ 이제 한국의 차례다.

9장 | 조건은 갖췄는가?

MSCI 신흥국의 족쇄를 풀어라

한국은 MSCI 기준으로 1992년 이후 줄곧 '신흥국EM, Emerging Market'으로 분류되어 있습니다. 그러나 GDP, 산업구조, 글로벌 수출 비중, 기업의 경쟁력 등을 고려할 때, 이미 한국은 경제적으로 '선진국'의 기준을 충분히 충족하고 있습니다.

그런데도 한국이 MSCI EM 지수에 계속 머물러 있는 현실은 아이러니합니다. 심지어 최근 한국은 EM 지수 내 시가총액 기준 상위 4위로 밀려났습니다. 2004년만 해도 MSCI EM에서 최대 비중(약 18.7%)

MSCI EM(신흥시장) 지수 편입 기준

자료: 더프레미어

구분	세부 항목	요구 조건 및 설명
1. 경제 발전 수준	국민소득 수준	세계은행 기준 일정 수준 이상의 1인당 GNI
	시장 분류 기준	경제 발전 정도에 따라 선진국 / 신흥국 / 프런티어로 구분
2. 시장 규모 및 유동성	상장 종목 시가총액	일정 수 이상의 대형·중형주가 충분한 시가총액 보유
	주식 거래 유동성	거래량 및 회전율 등 유동성이 충분히 확보되어 있어야 함
3. 시장 접근성	외국인 투자자 접근성	외국인 투자에 대한 제한 여부, 계좌 개설의 용이성 등
	환율 및 자본 이동 자유도	외환 거래의 자유, 자본의 원활한 송금과 회수 가능 여부
	정보의 질 및 공시 투명성	공시 시스템, 영문 자료 제공 여부 등
	규제 환경의 예측 가능성	자의적 정책 변경 없이 법·제도 일관성 유지
	거래 및 결제 시스템	전자거래 시스템, DVP(Delivery versus Payment) 등 안전한 결제 체계 구축 여부
	시장 기반의 가격 형성	거래소 중심의 공정한 가격 결정 메커니즘 존재 여부

을 차지했던 나라에서 이제는 한국 앞에 중국, 인도, 그리도 대만이 자리 잡고 있습니다. 비중은 겨우 9.0~9.6% 수준으로 축소됐습니다. 삼성전자, SK하이닉스 등은 EM 지수 내에서도 대표적인 대형주로서, 글로벌 펀드 자산 배분의 핵심 대상이 됩니다만, 중국, 인도, 대만이 한국 증시보다 비중이 높은 상태입니다. 한국 증시가 MSCI 선진국 지

수 편입을 꾀하고 있는 상태에서, MSCI 신흥국 지수 내에서의 순위하락을 이미 여러 이슈를 수반한 터라 시급히 관리되어야 할 것입니다.

문제점 1: EM 지수 특유의 높은 변동성 영향

EM 지수는 브라질, 인도, 남아공, 사우디 등과 같은 정치·경제적 위험이 큰 국가들과 함께 묶여 있어, 한국 주식이 그들과 함께 '위험자산'으로 분류됩니다. 그 결과, 위기 국면에서 글로벌 자금이 일괄적으로 빠질 때 한국도 함께 매도되는 비효율이 발생합니다. 한국의 펀더멘털과 무관하게 주가가 출렁이는 경우가 적지 않습니다.

문제점 2: 국가 이미지와 밸류에이션 저평가 지속

신흥국이라는 이름 자체가 투자자에게는 프리미엄이 아닌 디스카운트 요인입니다. 실제로 PBR, PER 등 주요 지표에서 한국은 동일 산업군 대비 세계 최저 수준의 밸류에이션을 유지하고 있으며, 이는 코리아 디스카운트의 근본적인 배경 중 하나입니다.

문제점 3: 해외 패시브 자금의 한계

EM 지수를 추종하는 글로벌 ETF, 패시브 펀드 자금은 구조상 성장성과 위험을 고려한 자산 배분을 하게 됩니다. 이는 단기 자금 유입에는 유리하나, 장기 자금이나 연기금, ESG 투자 기준이 엄격한 펀드의 접근은 제한되는 단점이 있습니다.

한국의 MSCI EM(신흥시장) 내 편입 비중 추이   자료: 더프레미어 정리

시기	비중	내용
2004년	18.67%	MSCI EM 반영 시기 중 최대 비중
2024년 말	약 9%	
2025년 2월	9.35% → 9.19%	종목 11개 편출로 약 0.16%P 감소
2025년 5월	9.24% → 9.21%	소폭 감소, 약 -0.03%P
2025년 5월 말	9.6%	공시 기준, 5월 30일 기준 9.6%

한국은 2025년 6월에도 MSCI 선진국 지수Developed Market 편입을 위한 Watch List에 등재되지 못했습니다. MSCI는 여전히 외환시장 접근성, 외국인 투자 절차, 파생상품 및 청산 시스템, 정책 예측 가능성 등에서 선진국 기준에 미달한다고 판단했습니다. 정부는 법인식별번호LEI; Legal Entity Identifier[12]를 도입했고, 외국인 투자등록증IRC; Investment Registration Certificate[13]을 폐지했으며, 공매도 해제 등 제도 개선을 진행했으나, 역외Offshore 원화 시장 부재 및 복잡한 외환 규제

---

[12] 전 세계적으로 통일된 방식으로 법인(legal entity)을 식별하기 위해 도입된 20자리의 고유 식별코드. 주로 금융거래 시 거래 당사자가 누구인지 명확히 알 수 있게 하려고 사용됨.
[13] 외국인 투자자가 한국 금융시장에 투자하기 위해 사전에 받아야 했던 등록증. 즉, 외국인이 한국 주식이나 채권 등에 투자하기 위해 개별적으로 금융감독원에 등록하고 발급받아야 했던 제도적 절차.

가 걸림돌로 작용했습니다.

그렇다면 어떠한 해소 방안이 필요할까요?

첫째, 추가적인 외환시장 개방이 필요합니다. 현재 한국 원화는 역외 거래가 안 되다 보니 외국인 관점에서 환전이 불편합니다. 선진국 지수에 들어가려면 외환시장을 좀 더 자유롭게 풀어야 합니다. 예를 들어 외국 투자자들이 한국 밖에서도 원화를 쉽게 사고팔 수 있도록 허용해야 합니다.

둘째, 공매도 제도를 더 손봐야 합니다. 공매도는 현재 외국인과 기관이 주로 활용하고 있고, 개인투자자들은 불리하다고 느끼는 구조입니다. 제도를 좀 더 투명하고 공정하게 바꾸고, 개인투자자 보호장치도 필요합니다.

셋째, 기업 지배구조를 더 투명하게 만들어야 합니다. 선진국 투자자들은 '지배구조 투명성'을 매우 중요하게 봅니다. 대기업 지배구조를 개선하고, 소액주주를 보호하는 정책을 더욱 강화해야 신뢰를 얻을 수 있습니다.

넷째, 주주환원 정책을 강화해야 합니다. 외국인들은 배당 확대나 자사주 소각 같은 '주주 친화적' 행동을 매우 높이 평가합니다. 한국기업들이 이익을 쌓아두기만 하지 말고, 적극적으로 주주들에게 돌려주는 노력이 필요합니다.

다섯째, 정부와 금융당국이 적극적으로 나서야 합니다. MSCI 선진국 편입은 단순히 '경제가 좋다고 되는 일'이 아닙니다. 정부가 나서서 관련 제도를 정비하고, 글로벌 투자자들에게 신뢰를 줄 수 있도록 로드맵을 제시하는 것이 필요합니다.

한국은 MSCI EM 지수에서 중요한 비중을 차지하고 있지만, 그 안에 머무는 것이 더는 이익이 아닙니다. 오히려 한국경제의 위상에 맞는 선진국 지수 편입이 지속적인 자본 유입과 밸류에이션 정상화의 열쇠가 될 수 있습니다. 'EM 잔류'는 현 위치 유지가 아니라, '기회비용의 확대'로 이어질 수 있습니다. 지금 필요한 것은 제도적 뒷받침과 정책 일관성, 그리고 기업과 투자자의 신뢰 구축입니다.

시장에서는 이제 2026년 Watch List 등재, 2027년 선진국 지수 공식 편입 발표, 2028년 실제 편입의 가능성을 보고 있으며, 이 경우 외국인 자금 유입 및 '코리아 디스카운트' 해소에 긍정적 효과가 기대됩니다.

'외국인들이 더 쉽게 투자하고, 더 믿고 맡길 수 있게, 시장의 규칙과 기업의 태도를 바꾸는 것'이 바로 해법입니다.

- ✔ 한국이 선진국 지위에 걸맞은 평가를 받을 때, 글로벌 자본은 본격적으로 몰려들 것이다.
- ✔ 지금이야말로 '코리아 디스카운트'를 끝내고, 진정한 시장 가치 상승의 출발점이다.

MSCI 선진국 지수 편입 가능성과 걸림돌

한국 증시의 오랜 염원 중 하나가 바로 MSCI 선진국 지수 편입입니다. 이는 단순히 이름값을 높이려는 상징적인 일이 아닙니다. 선진국 지수에 포함된다는 것은 글로벌 자금의 투자 기준이 바뀌고, 장기 자금이 국내 시장에 본격 유입될 수 있는 계기가 되기 때문입니다. 실제로 과거 대만이 MSCI 신흥국에서 선진국으로의 편입을 기대받을 당시, 관련 수혜주 중심으로 자금 유입과 주가 재평가가 일어났던 사례도 있습니다.

한국은 GDP, 기술력, 기업 경쟁력 등 대부분 기준에서 이미 선진국

MSCI 선진국 지수 편입 3대 기준 요약 자료: 더프레미어 정리

구분	세부 항목	요구 조건 및 설명
1. 경제 발전 수준	고소득 국가 요건	세계은행(World Bank)의 3년 평균 GNI 기준으로 고소득 국가에 해당해야 함
	규범적 제도 운용	법치, 계약 이행, 회계기준, 법적 안정성 등 기본 제도 체계가 확립되어 있어야 함
2. 시장 규모 및 유동성	충분한 시가총액과 유동성 확보	MSCI에서 요구하는 상장 기업 시가총액 기준 및 월 거래량, 회전율 조건 충족
	대표 종목의 시장 대표성 확보	대형주·중형주 수가 충분히 확보되어야 하며, 해당 종목들이 실제 투자 가능해야 함
3. 시장 접근성	외국인 투자 제한 없음	외국인 투자자에게 시장 진입과 철수가 자유로워야 함
	환율 자유화 및 자본 이동 자유	외환시장 개방, 실시간 거래 가능, 자본이동에 제한 없어야 함
	계좌 개설의 용이성	외국인 투자자가 현지 중개인 없이도 계좌 개설 및 운용을 할 수 있어야 함
	투명하고 예측 가능한 규제 환경	정부·감독 당국의 개입이 최소화되고, 규제 변화가 일관되고 예측 가능해야 함
	거래 및 결제 시스템 선진화	전자 시스템, DVP(Delivery Versus Payment), T+2 정산 체계 등 선진 결제 인프라 갖춤
	시장 기반의 가격 형성	거래소 중심의 공정한 가격 결정 메커니즘 존재 여부

수준입니다. 그러나 MSCI가 요구하는 것은 단순한 경제 규모가 아니라, '자본시장에 대한 신뢰와 투명성, 제도적 성숙도'입니다.

MSCI가 지속해서 지적하는 핵심 걸림돌은 다음과 같습니다.

첫째, 외환시장 접근성 제한이 문제가 될 수 있습니다. 외국인 투자자들은 원화를 자유롭게 거래할 수 없는 구조입니다. 역외에서 원화 거래가 불가능하고, 국내 외환시장도 제한적 운영이 많아 글로벌 펀드 입장에서 환 헤지 및 유동성 확보가 어려운 시장으로 인식됩니다.

둘째, 공매도 제도에 대한 여전한 불신 문제입니다. 코로나 이후 한시적으로 금지됐다가 재개된 공매도 제도는 여전히 '기울어진 운동장' 논란을 낳고 있습니다. 외국인과 기관 중심의 공매도에 대해 개인투자자들의 불신이 크고, 이로 인해 제도 자체의 신뢰도가 낮아져 시장 투명성에 부정적 요인으로 작용하고 있습니다.

셋째, 기업 지배구조와 주주권 보호에 있어 미흡한 점이 여전히 많이 남아있습니다. 많은 상장 기업들이 여전히 대주주 중심의 경영 구조를 유지하고 있으며, 소액주주 보호장치는 미비하다는 평가를 받고 있습니다. 자사주 활용, 배당정책, 기업가치 제고에 대한 미온적 접근이 글로벌 투자 기준에 미치지 못한다는 지적이 반복됐습니다.

결국, MSCI 선진국 지수 편입은 '시간이 해결해줄 문제'가 아니라, '정책적·제도적 개선이 수반되어야 가능'한 과제입니다. 외환시장 개방성, 공매도 규제의 균형, 주주가치 제고를 위한 상법 개정 등이 지속적으로 이뤄져야 현실적인 접근이 가능해집니다.

최근 긍정적 변화의 조짐도 보입니다. 최근 정부는 외환시장 개방 확대 방안을 발표했고, 일부 대기업들은 자사주 소각, 배당 확대 등을 통해 적극적인 주주환원 정책을 시도하고 있습니다. 시장도 이러한 변화에 호응하고 있으며, 이는 '코리아 디스카운트'에서 '코리아 재평가'로 가는 징후로 해석될 수 있습니다.

✓ MSCI 선진국 편입은 리트머스 시험지다.
✓ 글로벌 선진시장 근처로 가보자.

MSCI 선진국 지수 편입 효과는?

한국이 MSCI 선진국 지수(총 23개국 선진국으로 구성)에 편입된다면, 이는 단순한 명칭 변경 이상의 큰 의미를 갖습니다. 글로벌 투자자들의 자산 배분 전략에 근본적인 변화가 일어나기 때문입니다. 지금까지 한국은 신흥국EM 지수에 포함되어 변동성이 크고 위험자산으로 분류됐습니다. 하지만 선진국 지수에 편입되면 안정성과 장기성

2024년 기준 MSCI 선진국 지수 국가별 비중 (MSCI World Index 기준)

국가	지수 내 비중 (%)	비고
미국	약 70.3%	기술·헬스케어·소비재 중심, 비중 지속 확대
일본	약 6.1%	비중 감소 추세, 엔저 영향
영국	약 3.8%	에너지·금융 중심 구성
프랑스	약 3.2%	LVMH 등 대형주 비중 큼
캐나다	약 3.1%	금융·에너지 섹터 중심
독일	약 2.3%	Siemens, SAP 등 수출주 주도
스위스	약 2.2%	제약(노바티스, 로슈) 및 금융 비중 큼
호주	약 1.9%	자원·광업 중심
네덜란드	약 1.3%	ASML 등 첨단 기술 주도
스웨덴	약 0.9%	산업재 및 통신 기업 중심
기타 13개국	약 5.0%	이탈리아, 스페인, 덴마크, 핀란드 등 포함

자료: 더프레미어 정리

을 중시하는 연기금, 대형 자산운용사 등으로부터 대규모 자금 유입이 기대됩니다.

MSCI 선진국 편입 효과는 '단계적'으로 나타납니다. 먼저, 선진국 지수를 추종하는 ETF와 지수연동형 펀드들이 대거 한국 주식에 투자하게 됩니다. 이 과정에서 수십조 원 규모의 패시브Passive 자금이 삼성전자, SK하이닉스 등 시가총액이 크고 유동성이 높은 대형주를 중심으로 집중적으로 유입됩니다.

또한 '코리아 디스카운트Korea Discount' 해소가 본격화됩니다. 현재 한국기업들은 선진국 평균 대비 '현저히' 낮은 PBR과 PER에 거래되고 있습니다. MSCI 선진국 편입은 이 밸류에이션 갭Valuation Gap을 줄이는 촉매 역할을 하며, 자연스럽게 주가 재평가가 이루어질 가능성이 큽니다. 특히 단기 자금 유입보다도 장기적인 밸류에이션 개선이 더 중요한 의미가 있습니다.

더 나아가, 글로벌 투자자들은 단순한 수익률뿐만 아니라 기업의 지속 가능성, 지배구조 투명성, ESG(환경·사회·지배구조) 요소를 중시합니다. 이에 따라 지주회사, 자사주 소각을 적극적으로 시행하는 기업, 배당 확대에 나서는 기업들이 추가적인 긍정 평가를 받게 됩니다. 이런 기업들은 MSCI 선진국 편입 효과를 가장 직접적으로 누릴 것으로 기대됩니다.

수혜가 예상되는 주요 섹터는 대형 기술주, 지주사 및 저평가된 PBR주, 금융·증권주, 그리고 ESG, 고배당 주식 등입니다. 특히 대형 기술주는 시가총액과 유동성 기준에서 선진국 지수 내 필수 편입 종목으로 꼽히며, 금융과 은행주는 안정적 정책 환경과 신용등급으로 투자 선호도가 높아질 것입니다.

결국 MSCI 선진국 지수 편입은 단기 테마나 투기적 수익 기회가 아니라, 제도와 정책, 그리고 기업들의 변화가 어우러져 한국 시장의 체질을 근본적으로 개선하는 '구조적 전환'입니다. 따라서 이 변화를 염두에 둔 투자는 단기 수익을 넘어 '한국 시장의 미래 가치'에 투자하는 장기적인 전략으로 접근해야 할 것입니다.

- ✓ 국민 수준은 선진국…. 증시 수준은 아직도 개도국?
- ✓ 코리아 디스카운트 해소하며 MSCI 선진국에 편입되자.

공매도의 재발견

"공매도는 기울어진 운동장?"

MSCI 선진국 지수 편입에 필수요소이기도 한 공매도는 자본시장에서 오랫동안 논쟁의 중심에 있는 제도입니다. 주가 하락에 베팅하는 구조 탓에 부정적인 이미지가 강하지만, 시장에 기여하는 순기능도 명확히 존재합니다. 무엇보다 공매도는 과열된 종목의 거품을 제거하고, 기업의 내재가치에 맞는 가격을 형성하게 함으로써 시장의 효율성과 투명성을 높이는 역할을 합니다. 이는 시장 참여자 간 정보 비대칭을 줄이고, 가격 왜곡을 방지하는 데 기여합니다. 또한 하락장에서도 수익을 추구할 수 있는 전략적 수단으로, 포트폴리오 분산과 위기관리에 유용합니다.

하지만 공매도의 구조적 한계와 부작용도 무시할 수 없습니다. 특히 기관이나 외국인 중심의 거래 비중이 높아 개인투자자들에게는 '기울어진 운동장'이라는 비판이 제기됩니다. 정보 접근성의 차이와 대차시장 참여 기회의 불균형은 개인들에게 불리한 거래 환경을 고착시키고 있으며, 실제로도 공매도에 대한 불신의 주요 원인 중 하나입니다.

이와 함께 공매도는 시장 내에서 숏 커버링[14] (혹은 숏 스퀴즈[15])라는 예외적이지만 폭발력 있는 현상을 일으키기도 합니다. 이러한 것들은 공매도 세력이 손실을 줄이기 위해 급하게 매수에 나서는 현상으로, 주가 급등을 유발합니다.

대표 사례는 2021년 미국의 게임스톱 사태입니다. 개인투자자들이 Reddit 커뮤니티를 중심으로 집단 매수에 나서면서, 헤지펀드들은 엄청난 손실을 보았고 일부는 펀드 자체를 청산하거나 운용 책임자가 교체되는 등 후폭풍이 이어졌습니다.

---

14) 공매도(Short Selling)했던 투자자가 주식을 다시 사서 포지션을 청산(상환)하는 행위임.
15) 공매도 세력이 많을 때 주가가 급등하면, 이들이 손실을 막기 위해 강제로 매수에 나서면서 주가가 더 폭등하는 현상임.

이러한 사례들은 공매도가 단순한 하락 베팅 수단이 아닌, 시장 전체를 움직일 수 있는 강력한 메커니즘임을 보여줍니다. 공매도는 금지나 방치의 대상이 아니라, 오히려 정교한 규제와 균형 잡힌 운용 기준 하에 허용되어야 합니다. 공정한 대차 시스템, 실시간 공시, 개인투자자 접근성 제고 등이 전제될 경우, 공매도는 시장 안정성과 성장에 기여하는 중요한 수단이 될 수 있습니다.

한국 시장에서도 2025년 공매도가 재개되면서 공매도 잔고는 완만하게 증가하고 있습니다. 하지만 그 규모는 2024년 고점인 약 20조 원 대비 절반 수준에 그치고 있으며, 외국인들의 현물 시장 순매수는

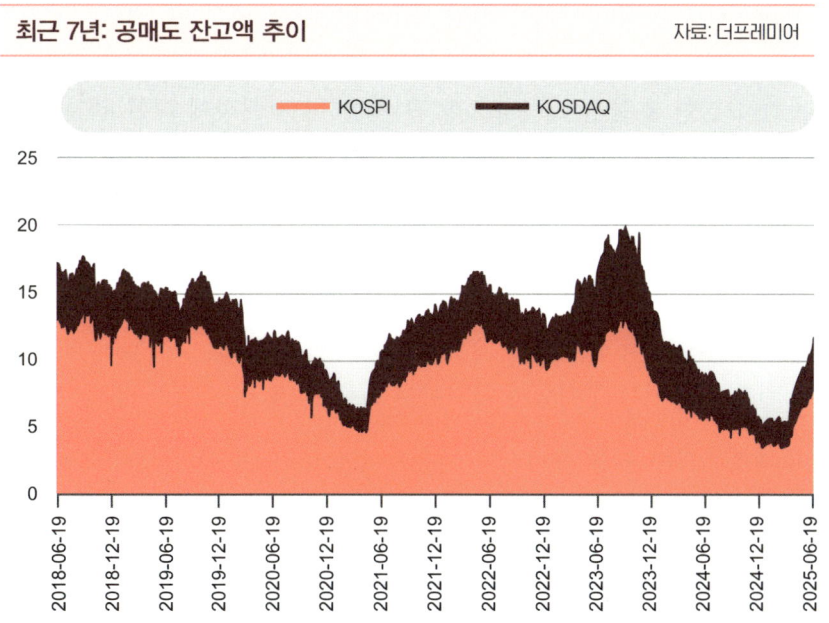

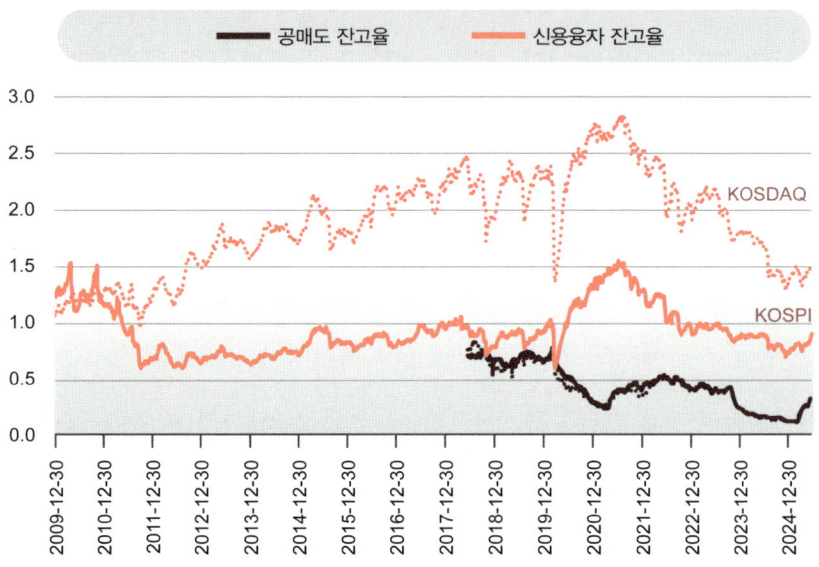

여전히 강한 흐름을 이어가고 있습니다. 이는 시장에 대한 투자 심리가 견고함을 방증하며, 향후 주가가 계속 상승세를 유지한다면 공매도 세력의 환매수(숏 커버링)로 오히려 지수가 더 탄력을 받을 가능성도 있습니다.

전체 거래에서 공매도가 차지하는 비중은 1% 미만으로, 제도적 보완이 병행된다면 이를 금기시할 이유는 없습니다. 오히려 공매도가 자본시장의 건전성과 역동성을 높이는 역할을 할 수도 있습니다. 공매도의 재발견, 그것은 바로 균형 잡힌 시각과 제도 설계를 통해 가능합니다.

- ✓ 공매도, 금지가 아닌 '신뢰 회복'이 필요한 때다.
- ✓ 공매도가 효자가 되는 날도 머지않았다.

공매도와 알고리즘 트레이딩: 투명한 시장을 위한 조건

공매도는 시장의 효율성을 높이는 기능을 하고 있지만, 알고리즘 매매Algo Trading[16]와 결합할 경우 단기 과열 또는 급락의 기폭제로 작동할 수 있다는 우려도 제기됩니다. 특히, 특정 종목에 공매도 주문이 빠르게 누적되고, 일정 가격 이하로 하락할 때 자동 매도가 연쇄적으로 실행되는 구조는 시장의 심리적 불안정을 가중할 수 있습니다.

최근에는 공매도 거래의 상당 부분이 알고리즘 기반으로 실행되고 있습니다. 이 알고리즘은 뉴스, 가격 패턴, 유동성 등을 분석해 초단타 매매를 수행하며, 때때로 매수·매도를 순식간에 반복하는 마이크

---

[16] 컴퓨터 프로그램이 미리 정해진 조건(알고리즘)에 따라 자동으로 주식, 채권, 파생상품 등을 매매하는 방식임. 사람 대신 기계가 사고팔기를 실행함. 알고리즘 전략으로는 시장 추종(Momentum), 평균회귀(Mean Reversion), 차익거래(Arbitrage), 뉴스 기반 매매 등이 있음.

로Micro 전략을 통해 시장을 교란할 가능성도 존재합니다. 문제는 이같은 시스템이 기관 중심으로 설계되어 있다는 점입니다. 개인투자자는 대차거래 접근성이 낮고, 공매도 잔고 정보도 실시간으로 알기 어려운 구조 속에서 정보 비대칭과 기울어진 운동장을 감내해야 합니다.

이에 따라 한국 시장에서도 공매도 과열 종목 지정제도, 공매도 거래정지 트리거, 공매도 호가 표시 의무화 등 개선안이 꾸준히 논의됐습니다. 하지만 여전히 충분치 않습니다. 특히, 주가 하락률 기준으로 자동 정지를 유도하는 공매도 과열 해소 장치는 알고리즘이 이를 우회하거나, 과열 직전까지 공세를 강화해 단기 수익을 챙기는 방식으로 악용될 수 있습니다.

글로벌 주요 시장에서는 더 선제적이고 정교한 제도를 운용하고 있습니다. 예컨대 미국 SEC는 공매도 거래 시 '업틱룰Uptick Rule'을 도입해, 하락장에서의 무차별 매도를 제한하고 있습니다. 유럽 연합ESMA 역시 공매도 잔고의 공개 기준을 0.1%까지 낮춰 실시간 시장 감시 기능을 강화했습니다. 일부 국가에서는 공매도 알고리즘 자체에 대한 등록제 또는 실시간 감시 체계 구축을 의무화하고 있습니다.

결국 공매도와 알고리즘 트레이딩은 피할 수 없는 시장 진화의 일부입니다. 중요한 것은 그 속도를 시장 참여자 전체가 감당할 수 있느냐는 점입니다. 공매도 제도는 단순한 '찬반'의 문제가 아닙니다. 시장 참여자 간의 공정성과 정보 접근성, 그리고 투명성을 확보하기 위한 정교한 조정이 필요한 시점입니다.

- ✓ 공매도는 억제의 대상이 아니라 통제의 대상이다.
- ✓ 공정하지 않은 룰은 시장을 무너뜨리고, 신뢰를 잃은 시장은 자본을 끌어올 수 없다.

K-증시의 글로벌 투자 매력도 진단

한국 증시는 오랜 기간 '코리아 디스카운트'라는 말로 대표되는 저평가 상태에 머물러 왔습니다. 그러나 최근 글로벌 자금의 흐름이 바뀌고 있으며, ESG 경영, 주주환원 확대, 자사주 소각 등 구조적 변화가 외국인 투자자들의 시선을 다시 끌어들이고 있습니다. 한국기업들이 선진 자본시장의 기준에 맞추기 시작하면서, K-증시의 투자 매력도는 재평가의 전환점을 맞고 있습니다.

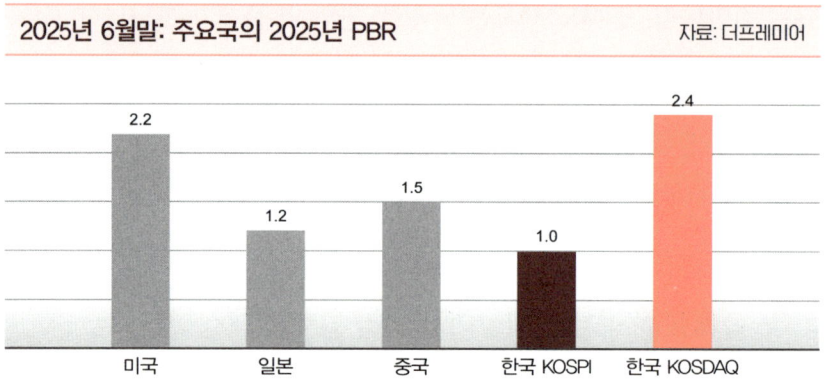

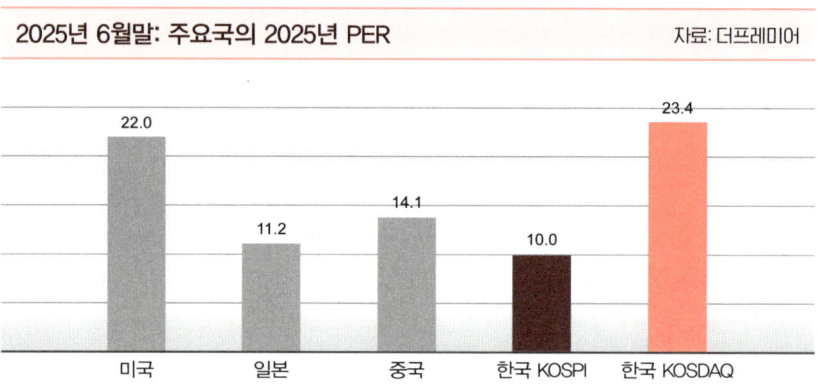

　먼저, ESG(환경·사회·지배구조) 이슈는 외국인 투자자의 기업 선별 기준에서 핵심 요인으로 작용하고 있습니다. 특히 유럽계 연기금과 글로벌 자산운용사들은 ESG 점수가 낮은 기업에 대한 투자를 제한하고 있어, 국내 상장사들의 지배구조 개선 노력이 가시화될수록 외국인

수급도 탄력을 받게 됩니다. 최근 삼성전자, SK하이닉스 등 대형주는 물론, 일부 중·소형주에서도 ESG 보고서 발간과 이사회 독립성 강화 움직임이 본격화되고 있습니다.

또한 배당성향 확대와 자사주 매입·소각은 '주주 중심 경영'으로의 전환을 상징합니다. 외국인 투자자에게는 단기 시세차익뿐 아니라 안정적 현금흐름과 자본 효율성이 중요한 기준입니다. 특히 2024년 일부 대기업들이 연이어 사상 최대 규모의 자사주 매입·소각을 발표하며 주가 방어에 나서자, 외국인들은 해당 종목에 즉각 반응하며 비중을 늘려왔습니다. 이는 단순한 단기 수급이 아니라, 기업가치의 장기적 상승을 신뢰한 결과입니다.

하지만 아직 해결해야 할 과제도 많습니다. PBR은 주요 경쟁국에 비해 낮은 수준입니다. 예컨대 일본, 미국, 대만과 비교 때 ROE 잣대를 같이 적용하면 한국기업의 PBR은 상대적으로 20~40% 낮게 형성되어 있습니다. 이는 배당성향의 낮음, 정책 불확실성, 그리고 기업의 '총수 중심 경영'에 대한 불신 등이 복합적으로 작용한 결과입니다.

그런데도 최근 외국인의 종목 선택 패턴을 보면 변화의 흐름이 보입니다. 과거엔 반도체, 자동차 같은 대형 제조업 중심이었지만, 최근에는 자사주 소각에 나선 금융주, ESG 개선이 두드러진 지주사, AI 인프라를 갖춘 통신·IT주로 선택지가 넓어지고 있습니다. '질적으로 달라진 외국인 수급'이라는 말이 나오는 배경입니다.

결국 외국인 투자자들은 숫자뿐 아니라 방향을 봅니다. 저평가의 끝에서 행동하는 기업, 그리고 투명하고 예측 가능한 시장 환경이 K-증시의 재도약을 이끕니다.

- ✔ 글로벌 자본은 '싼 시장'이 아닌 '바뀌는 시장'을 원한다.
- ✔ 지속 가능한 변화만이 K-증시를 프리미엄 시장으로 이끈다.

적극적인 주가 재평가는 ROE와 COE의 함수

"내년에는 코스피 3,500 갈 겁니다."

한국 주식시장의 저평가는 단순한 투자 심리나 외국인 수급 부족 때문이 아니라, 재무적으로 설명 가능한 구조적 함수의 결과입니다. 주가순자산비율PBR은 기업의 수익성과 자본비용, 성장률의 함수로 정의되며, 가장 널리 쓰이는 이론식은 다음과 같습니다.

$$PBR = (ROE-g) / (COE-g)$$

여기서 ROE는 자기자본이익률, COE는 자기자본비용, g는 미래의 안정적 성장률을 의미합니다. 이 수식은 ROE가 COE보다 높고, 이 둘이 성장률보다 충분히 클 때 유의미한 결과를 제공합니다. ROE는 기업의 자본 활용 효율성을 나타내며, COE는 무위험이자율Risk-free rate[17]에 시장 리스크 프리미엄과 기업 고유의 위험을 고려한 값입니다. COE는 실질적으로 '투자자들이 해당 기업에 요구하는 최소 수익률'이므로, COE보다 낮은 ROE를 기록할 때 시장에서는 해당 기업을 가치 파괴적Value Destructive으로 인식하게 됩니다.

---

[17] 한국에서는 일반적으로 통안채 1년물 혹은 국고채 3년물 수익률을, 미국에서는 국채 10년물 수익률을 각각 무위험이자율로 사용함.

한국 시장은 낮은 ROE 구조와 더불어, 정책 불확실성, 지배구조 이슈, 낮은 배당성향 등으로 인해 COE가 상대적으로 높게 유지되어 왔습니다. 또한 구조적 저성장 기조로 인해 성장률(g)도 제한되어 있어, ROE – COE 스프레드가 작거나 음(–)의 값을 보이는 경우가 여전히 많습니다. 이는 수학적으로도 낮은 PBR이 정당화된다는 뜻이며, 'K-디스카운트'라는 현상이 감정이 아닌 함수적으로 설명될 수 있음을 보여줍니다.

따라서 한국 시장의 적극적인 재평가는 단순한 기대감이나 외생 변수에 의존해서는 불가능합니다. 구조적으로 ROE를 높이고, COE를 낮추며, 재투자 효율성과 혁신을 통해 성장률(g)을 끌어올려야만 이론적으로 정당한 밸류에이션 재평가가 가능해집니다. 즉, 시장 재평가는 단순히 시장의 '재인식'을 유도하는 것이 아니라, 수익성과 위험 구조의 개선을 전제로 한 함수적 결과라는 점을 인식해야 합니다.

✔ 한국 증시의 재평가는 단순한 기대감이 아니라, 냉정한 숫자의 함수다.
✔ '감성적 접근'이 아닌 '구조적 변화'를 통해서만, 진정한 지수 상승이 가능할 것이다.

📈 DuPont ROE 분석으로 알아본 주가 재평가를 위한 조건

한국기업들이 세계 시장에서 저평가받는 근본적인 원인 중 하나는 단순한 이익 규모를 넘어, 이익이 만들어지는 구조적 효율성에 대한 설명과 개선이 부족하다는 점입니다. 이때 DuPont ROE 분석법[18]은 ROE를 다섯 가지 요소로 분해해 기업의 체질과 성장 가능성을 명확히 보여주는 강력한 도구가 됩니다.

삼성전자와 SK하이닉스의 사례입니다. 2024년 기준으로 삼성전자의 ROE는 9.0%, SK하이닉스는 31.1%를 기록했습니다. 자산회전율이 0.6 수준으로 비슷했고, 재무 레버리지는 삼성전자가 오히려 더 높았음에도 불구하고 SK하이닉스보다 낮은 ROE는 영업이익률의 차이에서 비롯됐습니다. 영업이익률이 11%에 불과했던 삼성전자에 비해 SK하이닉스는 35%로 3배 이상 높은 수익성을 올린 결과였습니다.

첫째, 자산회전율Asset Turnover은 자산의 효율적 활용도를 뜻합니다. 자산은 많지만, 매출이 늘지 않으면 자산회전율이 떨어져 ROE가 낮아집니다. 유휴 자산 매각과 핵심 사업 집중을 통해 자산을 효과적으로 활용하는 전략이 필요합니다.

---

[18] 기업의 자기자본이익률(ROE)을 수익성과 효율성, 재무구조 등으로 진단하는 재무 분석 기법. 1920년대 미국의 화학기업 듀퐁(DuPont)에서 처음 도입되어 지금까지도 널리 활용되고 있음.

DuPont 분석: 2024년 삼성전자 vs SK하이닉스		자료: 더프레미어
	삼성전자	SK하이닉스
자산회전율	0.62	0.60
영업이익률	0.11	0.35
재무 레버리지	1.27	0.99
이자 부담률	1.15	1.02
세금 부담률	0.92	0.83
ROE	9.0%	31.1%

둘째, 영업이익률Operating Profit Margin은 수익성의 깊이를 나타냅니다. 한국기업들은 원가 부담이 크고 경쟁이 치열한 산업구조로 인해 수익성이 낮은 경우가 많습니다. AI, 플랫폼, 브랜드 경쟁력 강화, 독보적인 기술력 등으로 영업이익률을 높이지 않는 한 높은 ROE 달성은 어렵습니다.

셋째, 재무 레버리지Financial Leverage는 기업이 자본을 어떻게 활용하는지 보여줍니다. 한국기업들은 보수적 재무구조를 유지하는 경우가 많지만, 이는 안정성에는 도움이 되나 자본 효율성에는 제한적입니다. 전략적 차입과 투자 확대를 통한 레버리지 활용이 필요합니다.

넷째, 이자 부담률Interest Burden은 영업이익 대비 이자 비용 비중을 의미합니다. 금리 상승기에는 이자 부담이 커져 기업의 수익성이 크게 훼손될 수 있습니다. 효율적 자금 조달과 부채 구조 개선이 필수적입니다.

다섯째, 세금 부담률Tax Burden은 세금 부담이 순이익에 미치는 영향을 나타냅니다. 한국은 OECD 국가 중 상대적으로 높은 실효세율과 배당소득 과세 부담으로 인해 기업의 순이익과 주주환원이 제한됩니다. 세제 개선과 자사주 소각 등 제도적 지원이 병행돼야 합니다.

결론적으로 DuPont ROE 분석은 단순한 재무 공식이 아니라, 한국 기업들이 직면한 산업 구조적 한계, 재무전략, 정책 환경의 종합적인 진단 도구입니다. 이를 통해 기업들은 ROE의 질을 높이고, 투명성과 성장성을 강화해야만 글로벌 투자자들의 신뢰를 회복하고 진정한 주가 재평가를 이끌어낼 수 있습니다.

- ✓ ROE는 단순 수치가 아니라 기업의 전략과 체질을 반영한다.
- ✓ 구조적 개선 없이는 재평가도 없다.

10장 | 제도의 재건이 답이다

코리아 디스카운트 탈피를 위한 과제

한국 증시는 오랜 기간 '코리아 디스카운트'라는 꼬리표를 달고 다녔습니다. 이는 한국기업과 시장이 실제 경제성장과 기업 경쟁력에 비해 저평가되고, 글로벌 투자자들로부터 충분한 신뢰를 받지 못하는 현상을 뜻합니다. 이 디스카운트를 해소하는 것은 한국 증시가 선진국 지수에 편입되고, 글로벌 투자 자금을 안정적으로 끌어들이기 위한 필수 조건입니다.

첫째, 기업 지배구조의 투명성과 책임경영 강화가 핵심 과제입니다. 외국인 투자자들은 단순한 수익률보다 '지배구조 개선'을 매우 중요하게 평가합니다. 상법 개정에 포함된 집중투표제 도입, 3% 룰 확대 등은 주주 권한을 강화하는 조치로, 소액주주 보호와 경영진에 대한 감시 기능을 높입니다. 이런 제도적 변화가 제대로 정착되어야 해외 투자자들의 신뢰가 회복됩니다.

둘째, 배당과 자사주 소각 등 주주환원 정책의 강화가 필요합니다. 한국기업들은 이익을 내부에 쌓아두기만 하는 경향이 있었지만, 글로벌 투자자들은 꾸준하고 안정적인 현금흐름을 중요하게 여깁니다. 배당 확대와 자사주 소각을 통해 '주주 친화적 기업 문화'를 확립해야 코리아 디스카운트를 줄일 수 있습니다.

셋째, 시장 구조의 선진화, 즉 외환시장 개방 확대와 공매도 제도 개선도 함께 추진되어야 합니다. 외국인 투자자들이 한국 시장에 쉽게 접근하고, 공정한 거래 환경이 보장될 때 신뢰는 더욱 높아집니다. 특히 원화 역외 거래 허용과 같은 조치는 글로벌 자금 유입의 촉매가 됩니다.

넷째, 정책의 일관성과 정부의 적극적인 지원이 필수적입니다. MSCI 선진국 지수 편입이나 해외 투자자 유치를 위한 제도 개선은 단기적 이벤트가 아닌 장기적 로드맵에 기반해야 합니다. 정부와 금융당국이 명확한 목표와 실행 계획을 제시하고, 시장 참여자들과 소통하는 것이 성공의 열쇠입니다.

마지막으로, 기업 경쟁력 강화와 혁신 지속이 뒷받침되어야 합니다. 단순히 제도와 정책만 개선하는 데 그치지 않고, 기업들이 기술 혁신, 세계 시장 확대, 지속 가능한 경영에 적극적으로 나서야만 시장 평가도 함께 상승할 수 있습니다.

코리아 디스카운트는 단기간에 사라지지 않지만, 위 과제들을 하나씩 풀어가는 과정에서 한국 증시는 점차 '정상적인 가치'를 찾아갈 것입니다. 이는 단순한 지수 편입 이상의 의미로, 한국경제와 기업 모두가 한 단계 도약하는 출발점이 될 것입니다. 이제는 '코리아 디스카운트'가 아닌 '코리아 프리미엄'을 향해 나아갈 때입니다.

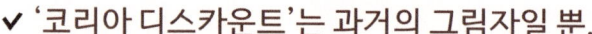

- ✓ '코리아 디스카운트'는 과거의 그림자일 뿐.
- ✓ 진정한 가치는 이제 '코리아 프리미엄'으로 거듭날 것이다.

상법 개정, 자사주 소각 등의 실효성

한국 자본시장의 지속 가능한 성장과 국제 경쟁력 강화를 위해서는 제도적 재건이 필수적입니다. 그중에서도 상법 개정, 자사주 소각 의무화, 그리고 스튜어드십 코드의 실효성 확보는 투자자 신뢰 회복과 기업 지배구조 혁신에 결정적인 역할을 합니다.

먼저, 상법 개정은 기업 지배구조 개선과 투자자 보호 강화를 목표로 진행되고 있습니다. 이 개정안들은 이사회 독립성 강화, 감사 기능 개선, 주주 권한 확대 등으로 기업 투명성을 높여 장기 투자자의 신뢰를 높입니다. 다만, 실제 현장에서는 개정 내용의 실질적 이행과 관리가 관건입니다. 법률과 현실 간 괴리를 해소하기 위한 체계적 모니터링과 제재가 함께 마련되어야 합니다.

둘째, 자사주 소각은 기업이 주주환원 정책을 적극적으로 실천하는 수단으로 자리 잡고 있습니다. 자사주 소각을 통해 유통 주식 수를 줄이고 주당 가치와 배당 여력을 높여 주주가치를 높이는 효과가 있습니다. 최근 한국기업들의 자사주 소각 규모가 확대되는 추세지만, 장기적이고 일관된 정책으로 정착하기 위해서는 명확한 기준과 세제 혜택 등 제도적 지원이 요구됩니다.

마지막으로, 스튜어드십 코드는 기관 투자자가 투자 대상 기업에 대해 적극적 의결권 행사를 통해 기업가치를 높이고, 책임 있는 투자문화를 조성하는 핵심 장치입니다. 도입 초기에는 선언적 성격에 그쳤으나, 최근 자산운용사와 연기금 등 기관 투자자들의 적극적 참여가 늘면서 실효성이 강화되고 있습니다. 다만, 기관 투자자 간 이해 상충 문제, 투자전략 차이, 정보 비대칭 등으로 인해 일관된 행동이 쉽지 않은 한계도 존재합니다. 이를 극복하기 위해 정부와 관련 기관은 스튜어드십 코드 실행력 강화와 모범 사례 확산에 힘써야 합니다.

결국 상법 개정, 자사주 소각, 스튜어드십 코드는 한국 자본시장의 신뢰와 효율성을 높이는 삼각 축입니다. 이 세 가지 제도가 유기적으로 작동할 때 기업과 투자자가 함께 성장하는 선순환 구조가 구축될 것입니다.

- ✓ 제도 혁신 없이는 투자자의 마음을 움직일 수 없다.
- ✓ 한국 자본시장 미래, '신뢰와 책임' 위에 세워져야 한다.

코스닥의 제도적 리포지셔닝(Repositioning)

코스닥 시장은 한국 증시 내 혁신 성장 기업의 산실로서 중요한 역할을 해왔습니다. 그러나 글로벌 혁신 시장인 나스닥과 비교할 때, 제도적 한계와 시장 구조적 약점으로 인해 'K-나스닥'으로서의 위상을 온전히 갖추지 못했습니다.

KOSDAQ의 장단점   자료: 더프레미어

구분	장점	단점
수익성	고성장 기업 중심, 높은 수익 가능성	변동성 높아 고위험 동반
구성	기술주, 바이오 등 미래 성장산업 위주	신생·중소기업 비중 높아 안정성 낮음
거래	빠른 체결과 유동성 확보	시장조작 가능성 및 투기성 거래 우려
접근성	소액투자자도 접근 용이	정보 비대칭 가능성
정책	정부의 혁신기업 성장 지원 가능성	정책 변화에 민감

이에 따라 코스닥 시장의 제도적 리포지셔닝은 한국 자본시장의 미래 경쟁력 확보에 핵심 과제로 떠오르고 있습니다.

첫째, 상장 요건과 기업 심사 기준의 체계적 개편이 필요합니다. 혁신기업의 특성을 반영한 성장성 중심의 평가 체계를 구축함으로써 기술력과 잠재력이 뛰어난 스타트업과 중소기업의 원활한 자금 조달을 지원해야 합니다. 현재의 지나치게 엄격하거나 경직된 상장 기준은 혁

신기업의 진입 장벽으로 작용, 코스닥 활성화를 저해하는 요인으로 작용하고 있습니다.

둘째, 시장 유동성과 거래 활성화도 중요한 개선 과제입니다. 코스닥 시장 내 소수 종목에 편중된 투자와 거래 집중 현상을 완화하기 위해 다양한 투자자 참여를 유도하고, 공모·유통 구조 개선, 시장조성자 제도 활성화 등으로 유동성을 높여야 합니다. 나아가, 정보 공시 투명성과 투자자 보호장치 강화도 병행되어야 합니다.

셋째, 혁신기업의 성장단계별 맞춤형 지원 체계 구축이 필요합니다. 초기 창업 단계부터 성장, 성숙 단계에 이르기까지 단계별로 차별화된 상장 트랙과 자본시장 접근성을 제공해 '원스톱' 생태계를 조성해야 합니다. 이는 기술 특례상장 확대, 혁신성 평가 강화, 전문 투자자 유입 확대와 맞물려 코스닥의 경쟁력을 획기적으로 높일 수 있습니다.

마지막으로, 정부와 금융당국, 거래소의 협력과 의지, 그리고 민간자본의 참여가 조화롭게 이루어져야 합니다. 코스닥 시장을 'K-나스닥'으로 탈바꿈시키는 것은 단순한 이름 바꾸기나 정책 선언을 넘어, 구조적이고 실질적인 제도 혁신과 시장 환경 개선이 뒷받침되어야 가능한 과제입니다.

결국, 코스닥의 제도적 리포지셔닝은 한국 자본시장의 혁신 성장 동력을 강화하고, 글로벌 경쟁 시장으로서의 위상을 확립하는 필수 조건입니다.

- ✓ K-나스닥은 더 이상 미래가 아닌 지금의 과제다.
- ✓ 혁신의 심장 코스닥에서 한국 증시의 새로운 역사가 시작된다.

공매도 제도의 양면성

공매도 제도는 자본시장에 필수적인 역할을 하지만, 그 이중성 때문에 늘 논란의 중심에 있습니다. 한편으로는 시장에 유동성을 공급하고 가격 효율성을 높이는 긍정적 기능을 수행하지만, 다른 한편으로는 과도한 하락 압력과 불안 심리를 유발해 시장 변동성을 확대하는 부작용도 있습니다.

공매도는 투자자들이 주가 하락을 예상할 때 미리 주식을 빌려 매도하는 방식으로, 이를 통해 주가가 과대평가 됐는지 시장이 판단하는 역할을 합니다. 이 과정에서 가격 발견 기능이 강화되고, 과열된 종목에 대한 조정이 신속하게 이루어져 시장의 효율성을 높입니다. 또한, 매도세를 통한 유동성 공급은 투자자들이 다양한 전략을 구사할 수 있게 해주며, 이는 건강한 시장 생태계 유지에 필수적입니다.

그러나 공매도가 남용될 경우, 특히 시장 불안기에는 '폭락'의 촉매제가 될 위험이 큽니다. 급격한 주가 하락을 노린 투기적 공매도는 투자 심리를 위축시키고, 기업의 자본 조달 비용을 상승시키며, 장기적 성장 동력을 저해할 수 있습니다. 특히 신생 기업과 중·소형주의 경우 공매도 공격에 취약해 자본시장 내 불균형을 초래하기도 합니다.

한국 시장에서는 과거 공매도 제한 조치가 반복적으로 시행되며 제도에 대한 신뢰와 투자자 반응이 엇갈렸습니다. 이에 따라 공매도의 '위험'과 '유동성' 제공 기능 사이에서 균형점을 찾는 것이 핵심 과제로 부상하고 있습니다. 선진국들은 공매도 제도를 엄격한 규제와 투명성 강화, 감시 체계로 보완하며 시장 안정성과 효율성을 동시에 추구합니다.

따라서 한국도 공매도 제도의 투명한 운영과 건전한 활용을 위한 제도적 장치를 마련해야 합니다. 투자자 보호와 시장 안정성 강화, 동시에 시장 유동성과 가격 발견 기능을 유지하는 '균형 잡힌 규제'가 필요합니다. 이는 자본시장의 신뢰 회복과 국제 경쟁력 확보를 위한 필수 조건입니다.

> ✓ 공매도는 시장의 양날의 검이다.
> ✓ 위험을 관리하지 못하면 폭풍이 되고, 제대로 작동하면 시장의 숨통이 된다.

자율과 규제 사이: 선진국형 자본시장 모델로의 전환

한국 자본시장은 빠르게 성장했지만, 아직도 '자율과 규제' 사이에서 최적의 균형을 찾는 과제를 안고 있습니다. 선진국형 자본시장 모델은 투자자 보호와 시장 건전성 확보를 위한 규제를 바탕으로 하면서도, 혁신과 성장 동력을 살리는 자율성을 최대한 보장하는 구조입니다. 이는 과도한 규제가 시장의 유연성을 저해하지 않도록 하면서도, 불공정 거래와 시장 왜곡을 예방하는 '스마트 규제'를 의미합니다.

최근까지도 한국 시장은 규제 위주의 관리형 시장으로 평가받았습니다. 투자자 보호와 시장 안정에 중점을 둔 제도들은 때로는 기업과 투자자의 혁신적 도전과 빠른 의사결정을 막는 걸림돌이 되기도 했습니다. 반면, 선진국 자본시장은 '책임 있는 자율'을 강조합니다. 기업과 투자자가 시장 원칙과 윤리를 지키는 동시에, 시장 참여자 스스로가 위험을 관리하고 시장 기능을 활성화하는 데 주도적 역할을 합니다.

이 과정에서 스튜어드십 코드 도입과 활성화, 공정한 정보공개, 투명한 의사결정 프로세스 확립은 필수입니다. 기관 투자자의 적극적 의결권 행사와 주주권 강화가 시장 건전성의 기반이 됩니다. 동시에, 혁신기업에 대한 유연한 상장 규정과 성장 지원 정책은 자본시장의 역동성을 뒷받침합니다.

또한, 디지털 전환 시대에 걸맞은 규제 체계도 필요합니다. AI, 빅데이터 등 신기술이 금융시장에 미치는 영향을 면밀히 분석해, 새로운 위험은 관리하되 혁신의 흐름을 저해하지 않는 '맞춤형 규제'를 마련해야 합니다. 이와 함께 글로벌 기준과 조화를 이루는 규제 정비도 필수적입니다.

결국, 한국 자본시장이 선진국형 모델로 거듭나기 위해서는 '과도한 규제'와 '무규제' 사이의 적절한 균형을 찾아야 합니다. 이는 시장의 신뢰를 높이고 투자자 참여를 확대하며, 지속 가능한 성장과 경쟁력 확보의 핵심 열쇠입니다.

> ✓ 자율과 규제는 대립이 아닌 상생의 관계다.
> ✓ 한국 자본시장, 이 균형을 잡을 때 비로소 글로벌 무대에서 빛날 수 있다.

한국이 글로벌 대열에 진입하려면?

한국 증시가 글로벌 대열에 진입하기 위해서는 단순한 규모 확대를 넘어 '질적 경쟁력'을 확보해야 합니다.

첫째, 혁신 생태계의 강화를 통해 기술 기반 신산업을 지속해서 육성해야 합니다. 반도체, AI, 바이오 등 미래 성장 동력을 선제적으로 발굴하고, 이들 기업의 국제 경쟁력을 키우는 것이 필수적입니다. 이를 위해서는 정부와 민간의 협력으로 연구개발R&D 투자 확대와 스타트업 지원 체계가 견고히 자리 잡아야 합니다.

둘째, 자본시장 인프라와 제도적 선진화가 뒷받침되어야 합니다. 글로벌 투자자들이 한국 시장을 신뢰하고 쉽게 접근할 수 있도록 정보 투명성 강화, 법적 안정성 확보, 그리고 다양한 금융상품의 도입이 필요합니다. 특히, K-테크 중심의 혁신기업 전용 상장 트랙 확대, 상장 요건 완화 등도 K-증시의 위상을 공고히 할 것입니다.

셋째, 국제적 협력과 연계를 강화해 글로벌 네트워크 속에서 한국 증시의 중심성을 회복해야 합니다. 아시아를 비롯한 신흥시장과의 전략적 제휴, 글로벌 펀드 및 기관 투자자 유치를 통한 외국인 투자 활성화는 자본 유입을 확대하고 시장 유동성을 높이는 핵심 요소입니다. 더불어, ESG(환경·사회·지배구조) 기준을 선도적으로 도입해 국제 투자 흐름에 발맞추는 것도 중요합니다.

마지막으로, 디지털 전환과 데이터 기반 금융 혁신을 적극적으로 추진해야 합니다. AI, 빅데이터, 블록체인 기술을 활용한 투자전략과 거래 시스템 혁신은 효율성과 신뢰성을 높이고, 한국 증시의 국제 경쟁력을 한층 강화할 수 있습니다.

이 모든 조건이 충족될 때, 한국은 글로벌 증시에서 '따라가는 시장'에서 '핵심 시장'으로 도약할 수 있습니다. 미래 자본의 중심에 서는 한국 증시의 모습은 결코 먼 꿈이 아닙니다. 한국 증시가 세계를 선도하려면, 혁신·제도·글로벌 연계·디지털 전환 네 축을 완벽히 세워야 합니다.

✓ 단순한 규모 확대를 넘어 '질적 경쟁력'을 확보하자.
✓ 한국 증시, 이제는 '이끄는 핵심 시장'이 되자.

4부
자본의 귀환 …
국장은
살아나는가

한국 증시는 지난 10여 년간 외국인 투자자들의 관심에서 다소 멀어져 있었습니다. 글로벌 투자자들은 기업 지배구조 이슈, 지정학적 불안, 그리고 한국 시장의 밸류에이션 저평가 문제 등을 이유로 자금을 다른 시장으로 옮겼습니다. 하지만 최근 흐름은 달라지고 있습니다. 다시 '국장'으로 돌아오는 자본의 움직임이 포착되고 있으며, 이는 한국 증시의 미래에 매우 중요한 신호입니다.

외국인 투자자들의 귀환은 단순한 수치 이상의 의미를 갖습니다. 이는 한국기업들의 지배구조 개선 기대감과 세계 경제 환경 변화가 반영된 결과로, 자본 유입은 시장 전반에 활력을 불어넣습니다. 특히 반도체, AI, 조선, 방산 등 한국이 강점을 가진 산업에 집중된 매수세는 한국 증시를 다시 글로벌 성장 무대로 올려놓고 있습니다.

원화 강세와 외국인 투자 증가는 뗄 수 없는 관계입니다. 원화 가치가 상승할수록 외국인으로서는 투자 매력이 커지고, 이는 다시 주가 상승을 부추깁니다. 최근의 환율 안정과 개선된 무역 수지는 외국인 자본의 한국 유입을 촉진하는 환경적 배경이 되고 있습니다.

외국인 자본이 돌아오는 동시에, 국내 기관투자가와 개인투자자의 투자 심리도 개선되고 있습니다. 연기금, 보험사 등 기관투자가들이 주식 비중을 확대하며 시장 안정성을 높이는 한편, 개인투자자들은 새로운 투자 기회를 찾으며 활발한 거래를 이어가고 있습니다. 부동산 갭투자 열풍에서 확인됐듯이, 혹시 나만 뒤처지고 있는 건 아닐까 하는 FOMO Fear of Missing Out 심리가 K-증시에서도 감지되기 시작했습니다. 그러나 해외시장을 쫓아 나갔던 서학개미들도 이제 '집토끼' 잡으러 국장에 돌아와야 할 때입니다.

국장으로의 자본 회귀는 분명 긍정적 신호지만, 이를 지속 가능한 성장으로 연결하기 위해선 과제도 많습니다. 기업의 투명한 경영, 정부 정책의 일관성, 투자환경 개선이 병행되어야 합니다. 무엇보다도 시장 참여자 모두가 변화하는 국장 환경에 맞춰 유연하게 대응하는 자세가 중요합니다.

- ✓ 자본의 귀환은 한국 증시의 부활을 알리는 신호탄이다.
- ✓ 이제는 모두가 함께 힘을 모아, 지속 가능한 성장의 새 역사를 써나가야 할 때다.

11장 | 돌아오는 투자자들

만년 저평가, 이제는 끝?

한국 증시는 오랜 기간 글로벌 투자자들 사이에서 '저평가된 시장'으로 자리매김해 왔습니다. 이른바 '코리아 디스카운트'는 한국경제의 견고한 펀더멘털과 기업실적과는 별개로, 정치적 불확실성, 기업 지배구조 문제, 지정학적 리스크 등이 복합적으로 작용한 결과였습니다. 그로 인해 한국 주식은 선진국 시장 대비 낮은 밸류에이션을 받으며 외국인 투자자들의 관심에서 멀어졌습니다.

그러나 최근 이러한 흐름에 변화의 조짐이 나타나고 있습니다. 반도체, AI 등 미래 성장 산업을 중심으로 한국기업들의 수익성과 경쟁력이 눈에 띄게 강화되면서 '만년 저평가'라는 오명을 벗고 있습니다. 미·중 갈등에 따른 글로벌 공급망 재편과 K-증시혁명에 힘입어 한국 기업들은 다시 한번 외국인 투자자들의 이목을 끌고 있습니다.

더불어 정부의 기업 지배구조 개선과 주주 친화 정책도 긍정적 변화를 촉진하고 있습니다. 상법 개정추진, 경영 투명성 강화, 배당 확대 및 자사주 소각 의무화는 외국인 투자자의 신뢰를 회복하는 데 중요한 역할을 하고 있습니다. 이러한 구조적 변화는 '코리아 디스카운트'를 해소하고 한국 시장의 밸류에이션 정상화에 이바지할 전망입니다.

실제로 외국인 자본 유입이 꾸준히 증가하는 가운데 코스피 지수는 3,000선 돌파에 성공했습니다. 이는 단순한 반등을 넘어 '만년 저평가 탈출 선언'으로 해석할 수 있으며, 한국 증시가 '가치 재발견' 국면에 본격 진입했음을 의미합니다. 장기 투자자들의 관심 속에 한국 시장은 다시 성장의 무대로 자리매김할 준비를 마쳤다는 신호이기도 합니다.

- ✔ 한국 증시, 저평가의 그림자를 걷어내고 세계 무대의 중심으로 떠오른다.
- ✔ '만년 저평가'는 과거일 뿐, 진정한 가치는 지금부터 펼쳐진다.

📈 '귀국은 지능 순': 현명한 자의 선택은?

한국 증시로 돌아오는 투자자들은 단순한 '복귀' 이상의 의미를 갖습니다. 이들은 시장의 단기적 변동성이나 유행에 휘둘리지 않고, 한국경제의 구조적 변화와 성장 가능성을 깊이 이해하는 '현명한 투자자'들입니다. 즉, 귀환은 '지능 순'이라는 말처럼, 치밀한 분석과 장기적인 시각을 가진 투자자들이 먼저 움직이고 있다는 뜻입니다.

그동안 '코리아 디스카운트'라는 그늘 아래 한국 증시는 저평가되고 외면받아 왔습니다. 그러나 이제는 기업실적과 산업 경쟁력이 강화되고, 정부 차원의 지배구조 개선과 제도 정비가 이뤄지면서 투자환경이 크게 바뀌고 있습니다. 이런 변화의 본질을 정확히 꿰뚫어 보는 투자자들이 신중히 시장에 복귀하고 있는 것입니다.

이들은 단순히 주가 상승 기대만으로 움직이지 않습니다. 반도체, AI 등 미래 산업에서 한국기업들이 갖춘 경쟁력, 글로벌 공급망 내 위치, 그리고 정책적 뒷받침과 기업 지배구조 혁신 같은 구조적 변화가 수익 창출에 얼마나 긍정적 영향을 미칠지 면밀히 판단합니다.

또한, 이들은 배당 확대, 자사주 소각 등 주주환원 정책을 강화하는 기업에 주목하며, ESG(환경·사회·지배구조) 기준을 충족하는 '책임

투자'에도 적극적입니다. 즉, 현명한 투자자들은 단기 시세차익을 노리기보다, 한국 시장의 체질 개선과 성장 잠재력에 대한 신뢰를 바탕으로 한 '가치투자'를 선택하는 경향이 강합니다.

코스피가 3,000선을 상향 돌파한 지금, 여전히 시장 하락에 베팅하고 있는 일부 투자자들의 FOMO(기회 상실 공포)는 더 깊어지고 있습니다. 시장이 회복되고 구조가 바뀌는 이 시점에 여전히 과거의 트라우마에 갇혀 비관의 시선으로 현재를 해석하고 있는 모습은 안타깝기까지 합니다.

이제 필요한 것은 의심이 아니라, '달라진 시장'에 대한 객관적인 이해와 자신감입니다. 불확실성이 걷히고, 수급이 달라지고, 제도가 바뀌고, 기업의 체질이 개선되고 있다면 그에 맞는 프레임 전환이 투자의 생존 조건이 되어야 합니다.

"강한 자가 살아남는 것이 아니라, 살아남는 자가 강한 것입니다."
변화를 읽고 적응한 자만이, 다음 기회를 잡을 수 있습니다.

결국 '귀환은 지능 순'이라는 말은, 시장의 본질과 변화의 흐름을 정확히 이해하고, 장기적인 관점에서 현명하게 투자 결정을 내리는 투자자들이 가장 먼저 움직이고 있음을 뜻합니다. 앞으로도 이러한 똑똑한 투자자들의 귀환이 한국 증시의 지속 가능하고 안정적인 성장을 이끌 것입니다.

- ✓ 서학개미 좋은 시절 지고, 국장 뜬다.
- ✓ 한국 증시의 미래는 현명한 투자자들의 Smart Money에 달려 있다.

ESG, 자사주 소각 등 기업의 변화

최근 한국기업들 사이에서 ESG(환경·사회·지배구조) 경영 강화와 자사주 소각 확대 같은 주주 친화적 정책이 빠르게 확산되고 있습니다. 이는 단순한 흐름을 넘어 글로벌 투자자들이 한국 시장을 다시 주목하게 만드는 중요한 변화로 평가받고 있습니다.

ESG 경영은 이제 선택이 아닌 필수 과제로 자리 잡았습니다. 전 세계 투자자들은 단순한 재무 실적을 넘어서 기업이 환경 보호, 사회적 책임, 그리고 투명한 지배구조를 얼마나 충실히 이행하는지를 면밀히 평가합니다. 이에 따라 한국기업들도 친환경 경영 강화, 사회적 가치 창출, 그리고 의사결정 투명성 개선에 힘쓰고 있습니다. 이러한 노력은 외국인 투자자들의 신뢰 회복에 긍정적으로 작용하며, 장기적 성장의 기반을 다지는 데 중요한 역할을 합니다.

특히, 자사주 소각과 배당 확대는 주주가치 환원에 대한 한국기업들의 강한 의지를 보여주는 대표적 사례입니다. 삼성전자, 현대자동차 등 대형 기업들은 최근 수조 원대 규모의 자사주 소각 계획을 발표하며 주주환원 정책에 박차를 가하고 있습니다. 이러한 움직임은 시장에서 긍정적인 평가를 받으며, 한국 증시 전반의 밸류에이션 개선에 기여하고 있습니다.

한편, 추가적인 상법 개정안에는 자사주 소각과 관련한 새로운 규정이 신설되어, 자사주 취득과 소각 절차가 더욱 투명하고 공정하게 이루어질 수 있는 법적 기반이 마련될 예정입니다. 이는 기존에 일부 기업에서 자사주 소각이 주주가치 제고보다는 경영진의 지배력 강화 수단으로 오용되는 사례에 대한 우려를 해소하는 데 중요한 역할을 할 것입니다. 상법 개정으로 자사주 소각 절차가 엄격해지고, 소각 계획에 대한 공시 의무가 강화되면서 투자자 보호와 시장 신뢰 제고에 크게 이바지할 전망입니다.

이처럼 ESG 경영과 주주 친화 정책이 결합된 변화는 단순한 기업 차원의 움직임을 넘어 한국 증시의 체질 개선과 국제 경쟁력 강화로 이어지고 있습니다. 특히, MSCI 선진국 지수 편입을 위한 필수 조건으로 평가받는 이들 변화는 앞으로도 한국 시장의 긍정적 변화를 이끄는 핵심 동력이 될 것입니다.

결국 현명한 투자자들은 ESG 실천과 자사주 소각 등 주주환원 정책을 적극적으로 시행하는 기업에 주목하며, 지속 가능한 성장과 안정적 수익을 추구하는 경향이 더욱 강해지고 있습니다. 앞으로 ESG와 주주 친화 정책은 한국 증시의 신뢰 회복과 가치를 재발견하는 중요한 열쇠로 자리매김할 것입니다.

- ✓ ESG와 자사주 소각은 이제 선택이 아닌 필수다.
- ✓ 이 변화에 앞서가는 기업이 한국 증시의 미래를 주도할 것이다.

'코리아 프리미엄'의 시대를 꿈꾸며

한국 증시는 오랜 기간 '코리아 디스카운트'라는 꼬리표를 달고 있었습니다. 정치적 불확실성, 지정학적 리스크, 그리고 기업 지배구조 문제 등이 복합적으로 작용해 한국 시장은 글로벌 투자자들에게 저평가된 신흥국 시장으로 인식됐습니다. 하지만 이제 한국경제와 기업들이 국제 경쟁력을 갖추고 시장의 ROE가 개선된다면 장차 '코리아 프리미엄'도 가능해질 수 있습니다.

'코리아 프리미엄'은 단순한 밸류에이션 상승을 넘어, 한국기업과 시장이 글로벌 투자자들 사이에서 신뢰와 성장 잠재력을 인정받을 수 있는 상황을 뜻합니다. 반도체, 배터리, 친환경 에너지, 바이오 등 첨단산업의 혁신과 함께, ESG 경영과 주주환원 정책 강화가 맞물린다면 한국 시장은 지속 가능한 투자처로 재평가받을 수 있습니다.

또한, 정부와 금융당국의 적극적인 구조개혁 노력, 상법 개정과 기업 지배구조 투명성 강화, 외환시장 개방 등 제도적 지원도 '코리아 프리미엄' 실현에 중요한 역할을 하고 있습니다. 특히 2028년중 MSCI 선진국 지수 편입 가능성을 바라본다면, 외국인 투자자들의 신뢰가 더욱 쌓이고 자본 유입도 가속화 될 수 있습니다.

'코리아 프리미엄' 시대는 투자자와 기업 모두에게 새로운 기회의 문을 열어줄 것입니다. 투자자들은 더 안정적이고 장기적인 수익을 기대할 수 있고, 기업들은 국제무대에서 경쟁력을 한층 강화할 수 있습니다. 결국, 이는 한국 증시의 지속 가능한 성장과 세계 시장 내 위상 제고로 이어질 것입니다.

- ✔ 한국 증시는 더 이상 저평가받는 시장이 아니다.
- ✔ 지금이 바로 '코리아 프리미엄'을 현실로 만들 출발점이다.

양지가 음지되고… 서학개미 돌아올 때다

2023년과 2024년은 서학개미들에게 말 그대로 '황금기'였습니다. 미국 증시는 기술주 중심의 랠리에 힘입어 연평균 20% 초중반의 높은 수익률을 2년 연속 기록했고, 원화 약세 흐름까지 더해져 환차익까지 두둑이 챙길 수 있었습니다. 나스닥, S&P500을 중심으로 한 미국 증시의 호조에 더해, 엔비디아, 테슬라, 애플 등 소위 '대장주'들의 고공행진은 서학개미들의 입꼬리를 올라가게 했습니다. '달러 자산은 배신하지 않는다'라는 믿음이 다시 한번 확인되는 듯했습니다.

하지만 2025년, 분위기는 완전히 반전됐습니다. 연초 대비 미국 증시는 사실상 보합 수준에 머물고 있습니다. 인공지능 테마가 식으면서 기술주의 상승 동력은 예전보다 현저히 둔화했고, 연준의 금리 인하 지연과 미국 경기의 둔화 우려가 겹치면서 2023~24년의 상승장만은 못합니다. 여기에 결정타는 환율입니다.

2023~24년 중 달러·원 환율은 1,400원대에서 머무르며 해외 자산의 상대적 가치를 높여줬습니다. 그러나 2025년 들어 환율은 1,300원 중후반대로 하락하며 원화 강세 국면이 시작됐습니다. 이는 서학개미들에게 이중고를 안깁니다. 수익률은 제자리인데, 환차손까지 감수해야 하기 때문입니다.

이른바 '양지陽地'였던 미국 시장이 '음지陰地'로 바뀌고 있는 셈입니다.

서학개미들의 고민은 깊어질 수밖에 없습니다. "계속 들고 가야 하나, 아니면 이제는 갈아타야 하나?" 선택의 갈림길에 선 이들은 달러 자산의 위험을 체감하고 있습니다. 물론 장기적인 관점에서 미국 시장의 펀더멘털은 여전히 건재하다는 의견도 많지만, 단기적으로는 수익률과 환율 모두 상대적으로 불리한 방향으로 작용하고 있는 것이 현실입니다. 이제는 분산 투자와 환 헤지 전략의 필요성이 대두되고 있습니다.

지금은 관성적 투자에서 전략적 투자로의 전환이 필요한 시점입니다. 서학개미들이 다시 양지로 나아가기 위해서는, 변화된 시장 환경에 민감하게 반응하고 유연하게 대응하는 지혜가 필요합니다. 2023~24년의 '달콤한 기억'에만 머물러 있다간, 2025년의 냉혹한 현실이 더 쓰게 느껴질 수 있습니다.

- ✓ '미국=무조건 수익' 공식은 깨졌다. 이제는 전략 없인 생존도 어렵다.
- ✓ 환율이 바뀌면 게임의 규칙(Rule of the Game)도 바뀐다.

5 돌아오라, 국장으로!

한국 증시는 오랫동안 소외됐습니다. 글로벌 투자자들은 한국 시장에 대해 '코리아 디스카운트'라는 꼬리표를 붙이며 주저했고, 국내 투자자들도 여러 이유로 증시 대신 다른 자산에 눈을 돌렸습니다. 하지만 지금은 그때와 전혀 다른 분위기입니다.

최근 상법 개정과 기업지배구조 개선 움직임이 활발해지면서, 한국기업들은 점차 투명성과 경쟁력을 갖추기 시작하고 있습니다. 이는 '저평가 국가'에서 벗어나기 위한 필수 조건이며, 투자자들이 안심하고 자금을 투입할 수 있는 환경을 만드는 데 크게 기여하고 있습니다.

또한, 한국경제 전반의 구조조정과 미래 성장 산업 집중은 장기적인 시장 경쟁력 강화로 이어지고 있습니다. 여기에 외국인 투자자의 복귀와 원화 강세가 더해지면서 증시에 대한 신뢰가 높아지고 있습니다.

'귀국은 지능 순'이라는 말처럼, 똑똑한 투자자들이 다시 '국장'으로 돌아올 때입니다. 지금은 단기적 수익보다는 미래를 보고 준비해야 할 시기입니다. 정책과 시장 환경이 모두 변화하고 있어, 이를 잘 활용하면 큰 기회를 잡을 수 있습니다.

- ✓ 국장이 다시 빛날 때가 왔다.
- ✓ 이제는 돌아올 시간이다.

맺는 글 | 지금, 왜 한국 증시가 다시 '재평가' 받는가?

2025년, 한국 증시는 단순한 반등을 넘어 구조적 반전의 문턱에 서 있습니다. 오랜 시간 '저평가'라는 굴레를 벗어나지 못했던 시장이 이제는 '재평가'의 논리 위에 서기 시작했고, 그 중심에는 돌아온 자본, 바뀐 제도, 달라진 기업, 그리고 성장의 기반을 갖춘 산업이 있습니다. 하지만 여전히 묻는 이들이 있습니다. "정말 국장은 부활할 수 있는가?"

이 질문은 단순히 코스피 3,000이나 5,000을 의미하지 않습니다. 그것은 곧 한국 자본시장이 글로벌 투자자에게 신뢰를 회복하고, 기업들이 자본시장과의 건강한 소통을 통해 정당한 가치를 인정받을 수 있느냐는 질문입니다.

우리는 이 책을 통해 세 가지 흐름을 보았습니다.

첫째, 글로벌 자금의 이동은 이미 시작되었고 미국 중심의 자산 배분 시대에서 균열이 발생하고 있습니다. 원화 강세, 외국인 자금 유입, 스테이블코인 등 환율과 자산의 새로운 역학이 판을 바꾸고 있습니다.

둘째, 산업은 기술과 데이터 중심으로 재편되며 조선, 반도체, 방산 등 한국의 전통 강자들이 전략자산으로 주목받고, 플랫폼 기업의 가치도 전통 지표를 넘어 AI와 데이터 역량으로 측정되고 있습니다.

셋째, 제도의 변화와 투자자의 귀환은 시장을 다시 움직이고 있습니다. 상법 개정, 자사주 소각, 공매도 제도의 재정비는 한국 시장의 '신뢰 회복'을 위한 제도적 기반이 되고 있습니다. 개인투자자들 또한 전략적으로 진화하고 있습니다.

그렇다면 남은 것은 무엇일까요? 바로 '신뢰의 지속성'과 '성장의 복원력'입니다. 한국 시장이 진정한 부활을 이루려면 일시적인 재평가에 머무르지 않고, 성장성과 수익성, 그리고 시장의 투명성이 꾸준히 유지되어야 합니다.

우리가 일본과 독일에서 배워야 할 것도 분명합니다. "저평가 상태는 개선될 수 있다. 다만, 그것은 '스스로' 바꿀 때만 가능하다." 이를 위해선 투자자, 기업, 정부 모두가 '지속 가능한 자본시장'을 향한 책임을 나눠야 합니다.

지금 우리는 분명 중요한 갈림길에 서 있습니다. 그 길의 끝에서 '국장은 부활했다'라는 확신에 찬 대답을 할 수 있을지, 아니면 또 한 번의 찬란한 일시적 랠리로 끝날지는 오늘을 사는 우리의 선택에 달려 있습니다.

- ✓ 2025년, 국장은 다시 살아날 수 있다.
- ✓ 남은 건 질문이 아니라, 우리가 만들어갈 '답'이다.

부록 1 | 개인투자자를 위한 실전 전략

지금이라도 주식시장에 들어가도 늦지 않았을까요?

제 대답은 '아직 늦지 않았습니다'입니다.

2025년 들어 한국 증시가 눈에 띄게 반등한 것은 사실이지만, 지금의 흐름은 단순한 단기 반등이 아니라 기업 수익성과 시장 구조에 대한 '정당한 재평가Rerating' 국면이라고 판단합니다.

저는 그간 2025년 코스피 상장 기업들의 예상 ROE가 약 9.0% 수준이라는 점에 주목해 왔고, 이 기준에 따르면 KOSPI의 적정 수준은 최소 2,900~3,000pt라고 봐왔습니다. 나아가 2026년 ROE는 9.5%

수준까지 상승하리라는 것이 시장 기대치입니다. 이러한 수익성 개선은 단기 경기 반등 때문만이 아니라, 정책과 제도의 구조적 변화에 기인한 '지속 가능한 ROE 상승' 가능성 때문이기도 합니다.

특히 다음과 같은 제도적 변화들이 ROE를 근본적으로 끌어올릴 수 있습니다. 첫째, 주주환원 및 기업 투명성 강화를 위한 상법 개정이 본격화되고 있습니다. 둘째, 자사주 소각 의무화 추진으로, 주가 부양뿐 아니라 자본 효율성 개선으로 ROE 상승에 기여합니다. 셋째, 배당정책 강화입니다. 안정적 배당은 외국인 자금 유입 및 주가의 하방 경직성을 높이는 효과가 있습니다. 넷째, 지배구조 개선입니다. 기업가치의 할인 요인이던 총수 위험Owner Risk을 줄이며, 시장 신뢰를 높이고 있습니다.

즉, 지금은 '단기 상승에 올라탈 것인가'가 아니라 '구조적 변화에 올라탈 것인가'를 고민할 시점입니다. 기업들의 ROE를 떠받치는 구조적 변화와 기업 체질 개선에 주목한다면, 지금은 오히려 '긴 흐름의 초입'일 수 있습니다. 단기 수익률에 휘둘리기보다, ETF, 고배당 주식, 코스피 대형주 중심의 분산 투자 전략으로도 충분히 진입할 수 있습니다.

> ✓ 지금은 '빠르게 올라탄 사람'이 아니라, '길게 함께 갈 사람'을 선택하는 시장이다.
> ✓ 지금은 그 이유를 이미 알고 있는 사람의 시간이다.

AI, 반도체, 2차전지…. 어디에 베팅할 것인가?

2025년 현재, 한국 증시를 이끄는 대표 테마는 AI, 반도체 등입니다. 모두 미래 산업의 핵심축이지만, 이 중에서 가장 주목해야 할 분야는 단연 'AI와 반도체'입니다.

먼저 AI 산업은 세계 시장이 주도하는 거대한 서사를 가지고 있습니다. 생성형 AI[19]와 LLM(대형언어모델)[20], 산업 자동화와 같은 분야가 빠르게 확산하면서 AI는 더 이상 선택이 아닌 필수가 되고 있습

---

19) 기존 데이터를 학습해, 사람이 만든 것처럼 새로운 콘텐츠(텍스트, 이미지, 음성 등)를 자동으로 생성하는 인공지능. 기존 AI는 판별(classify) 중심이었지만, 생성형 AI는 창조(create)에 초점을 둠.
20) 수백억 ~ 수조 개의 단어와 문장을 학습하여, 인간처럼 자연스러운 언어 이해와 생성을 할 수 있는 모델. 생성형 AI 중에서도 텍스트 기반 작업(질문/답변, 요약, 번역, 글쓰기 등)을 수행하는 핵심 엔진임.

니다. 그러나 아직 국내 상장 기업 중 AI 기술 자체로 매출과 이익을 실현하는 기업은 극히 드뭅니다. 대부분은 인프라 제공자이거나 수요에 반응하는 간접 수혜에 머물러 있습니다.

그렇다면 AI는 과연 어디서 수익으로 연결될까요? 해답은 바로 AI 반도체, 특히 고대역폭 메모리HBM에 있습니다. AI 모델을 돌리기 위해서는 엄청난 연산 처리와 데이터 처리가 필요하고, 이는 결국 고사양 반도체 수요로 직결됩니다. 이 시장을 한국이 주도하고 있습니다. SK하이닉스는 HBM 시장 점유율 1위, 삼성전자도 공격적으로 추격하고 있습니다. 실제로 2025년 반도체 업황은 수급 개선과 AI 수요의 확대로 실적 반등이 본격화되고 있으며, 메모리 가격의 안정적 상승도 그 흐름을 뒷받침합니다.

반면, 2차전지 산업은 구조적 성장 스토리는 여전하지만, 단기적으로는 숨 고르기 국면에 접어들었습니다. 글로벌 전기차 수요 둔화, 원가 부담, 중국과의 가격 경쟁 심화 등으로 인해 국내 배터리 3사의 주가는 예전만 못합니다. 기술력은 인정받고 있지만, 실적 회복에는 시간이 필요합니다.

결론적으로, 지금 시점에서 투자자로서 가장 유망한 테마는 AI라는 큰 흐름을 실적과 연결할 수 있는 '반도체'입니다.

- ✓ AI는 서사, 반도체는 실적, 2차전지는 인내가 필요한 영역이다.
- ✓ 지금 시장은 '이야기'보다 '이익'을 먼저 반영하고 있다.

강세장에서의 실전 타이밍 전략

강세장은 투자자에게 '기회의 땅'처럼 보이지만, 그만큼 과잉 낙관과 추격 매수의 유혹도 커지는 국면입니다. 이 시기에 중요한 전략은 바로 '분할매수와 분할익절의 균형감'입니다.

강세장에서 종목은 대부분 상승 흐름을 타고 있지만, 저점 매수 적기를 잡겠다는 생각은 함정이 되기 쉽습니다. 실제로 많은 개인투자자가 상승 초입에서 망설이다가 이미 고점 부근에서 추격 매수를 하는 실수를 범합니다. 이때 유효한 전략은 '예정된 분할매수'입니다.

예를 들어, 목표 투자금 1,000만 원을 한 번에 매수하지 않고, 다음과 같이 나눌 수 있습니다.

- 기술적 지지선/20일선 부근에서 30%
- 상승 추세 지속 확인 후 30%
- 시장 눌림이나 차익매물 시 40% 추가 매수

이런 방식은 시장 변동성에 대한 완충 장치 역할을 하며, 상승장에서 과도한 고점 진입의 위험을 낮춰줍니다.

익절 타이밍도 마찬가지입니다. '팔면 더 오른다'라는 후회가 강세장에서 반복되는 이유는 한 번에 전량을 매도하려 하기 때문입니다. 해법은 '기계적 분할익절'입니다.

다음과 같은 구조의 예는 심리적 부담 없이 상승에 편승하면서도, 일정 수익은 확정시켜 주는 '심리 방어선' 역할도 할 수 있습니다.

- 목표 수익률 15~20% 도달 시 1차 30% 익절
- 이후 상승 추세 유지 시 10% 단위로 20~30% 분할 매도
- 남은 물량은 이익 보호를 위한 추세 이탈(이평선 이탈 등) 시 매도

강세장에서 가장 많이 잃는 사람은 기회를 못 잡은 사람보다, 추격 매수·전액 매수 후 고점에 물린 사람입니다. 분할은 타이밍을 예측하는 것이 아니라, 위험을 관리하는 도구입니다. 수익을 확정하지 못한 강세장은 결국 '그림의 떡'이 될 수 있습니다.

순환매는 예술이다

주식시장에서는 특정 시기에 잘 나가는 산업(섹터)이 계속 바뀝니다. 이걸 업종/테마의 순환매Rotational Buying라고 합니다. 예를 들어, 경기가 회복될 땐 자동차, 철강, 기계 같은 경기민감주Cyclical가 올라가고, 경기가 둔화하면 헬스케어, 필수소비재, 통신 같은 안정적인 종목들이 강세를 보입니다. 기술 흐름이 좋을 땐 반도체, 2차전지, AI 관련 종목들이 주목받습니다. 즉, 시장은 계속 '화제거리Hot 테마'를 바꿔가며 투자자들의 관심을 옮깁니다.

우선 '지금 시장이 좋아하는 섹터'가 뭔지 살펴보는 게 좋습니다. 뉴스, 증권사 리포트, 유튜브 주요 이슈, 주가 상승률 상위 종목을 보면 감이 옵니다. 예를 들어, 반도체가 강세라면, AI 서버, HBM, 파운드리 관련주가 뜨고 있을 확률 높습니다. 조선이 강세라면, LNG선 수주, 친환경 선박 관련 뉴스가 많을 겁니다. 관심이 많은 섹터는 거래량이 몰리고, 뉴스가 자주 나오며, 관련주들이 줄줄이 오릅니다.

올라탄 섹터만 쫓아다니면 늦습니다. 시장에서 주목받는 섹터는 이미 어느 정도 오른 상태인 경우가 많습니다. 그래서 무턱대고 따라잡기보다는 조정 타이밍을 기다리거나, 그다음 섹터로 옮겨갈 흐름을 예측해보는 게 더 현명합니다. 예를 들면, 조선·방산 → 증권·금융 →

반도체 순서로 시장의 관심이 이동해 온 사례들이 있습니다.

섹터를 직접 고르기 어렵다면 ETF(섹터 상장지수펀드)를 활용해 보는 것도 좋은 방법입니다. 예를 들어, KODEX 200이나 TIGER 200 ETF, AI 반도체 ETF 등 ETF는 개별 종목보다 위험 분산이 되면서도, 섹터 방향성을 타기 쉬운 장점이 있습니다.

순환매는 시장이 좋아하는 산업이 바뀌는 현상입니다.

지금 시장이 어디에 관심 있는지 뉴스·거래량·상승률로 감지하는 것을 습관화하면 좋습니다. 뒤늦게 쫓기보다는, 조정 때 들어가거나 다음 섹터를 미리 준비하는게 좋습니다. 잘 모르겠다면 ETF로 섹터 전체에 투자하는 것도 좋은 방법입니다.

- ✓ 돈은 시선을 따라 움직인다.
- ✓ 시장의 시선이 향하는 곳에 먼저 가 있어라.

대세 상승장에서는 여자가 남자보다 낫다?

대세 상승장에선 오히려 '덜 움직이는 사람'이 이기는 경우가 많습니다. 이와 관련해 흥미로운 사실 하나. 글로벌 리서치에 따르면, 장기적으로 여성 투자자의 수익률이 남성보다 더 나은 경우가 많습니다. 미국 피델리티 조사에선 여성 투자자의 연평균 수익률이 남성보다 0.4~0.6%P 높은 것으로 나타났습니다.

한국에서도 최근 몇 년간 이런 결과는 반복됐습니다.

2020년 동학개미 운동 당시, 자본시장연구원과 매일경제의 분석에 따르면 1억 원 이상 투자한 여성의 평균 수익률은 24.2%, 남성은 14.4%로 무려 10%P 이상 차이가 났습니다. NH투자증권의 집계에서도 여성 투자자는 평균 24.2%의 이익을 거둬 남성(18.3%)보다 훨씬 높았습니다. 회전율은 여성이 훨씬 낮았습니다. 2025년 상반기에도 이 경향은 이어집니다. 해외 투자 수익률은 20대 여성(17.8%)이 20대 남성(8.7%)의 두 배에 달했고, 회전율 역시 남성은 219%로 여성(87%)의 세 배에 가까웠습니다.

이러한 차이는 투자 성향에서 비롯됩니다. 남성은 거래 빈도가 높고 반등에 대한 과잉 확신이 강하지만, 여성은 신중하고 감정 통제가 뛰어나며 우량주 위주의 장기 보유 전략을 선호합니다. 대세 상승장에서 이런 '버티는 힘'이 더 큰 수익으로 이어지는 것입니다.

2025년은 한국 증시가 구조적 재평가의 길에 들어서는 시기입니다. 이럴 때일수록 '조금 덜 사고, 조금 더 오래' 가져가는 전략이 통합니다. 결국 투자도 성격입니다. 지금 같은 장세에서는 '여성처럼 투자하는 것'이 현명할 수 있습니다.

- ✓ 대세 상승장에서는 속도보다 지속력, 충동보다 인내가 승리를 가져온다.
- ✓ '묵묵히 기다리는 능력'이 수익률을 만든다.

'좋은 기업, 좋은 주가' vs '좋은 기업, 높은 주가'

'좋은 기업, 좋은 주가'는 기업의 내재가치가 탄탄하면서 주가도 적정 수준 이하로 저평가된 상태를 의미합니다. 이런 기업은 안정적인 수익과 성장 전망이 뒷받침되며, 주가수익비율PER 등 밸류에이션 지표가 합리적이거나 낮아 투자 매력도가 큽니다. 즉, 위험 대비 기대 수익률이 높아 장기 투자를 통해 꾸준한 이익을 얻기에 적합합니다. 대체로 가치주가 이에 해당한다고 보면 됩니다.

반면 '좋은 기업, 높은 주가'는 기업 자체는 우수하지만, 시장에서 이미 높은 밸류에이션을 받는 경우를 말합니다. 이러한 주식은 미래 성장 기대감이 매우 크거나 투자자들이 과도한 프리미엄을 붙인 상태일 수 있습니다. 대체로 성장주가 해당한다고 보면 되는데, 이 경우 주가가 펀더멘털 대비 고평가되어 변동성이 커질 위험이 있습니다.

좋은 기업임에도 주가가 비쌀 때는 다음과 같은 점들을 반드시 고려해야 합니다.

첫째, 밸류에이션 지표(PER, PBR, PEG 등)를 꼼꼼히 분석해 현재 주가가 지나치게 높게 평가됐는지 판단해야 합니다.

둘째, 해당 기업의 성장성이 실제로 그 높은 기대를 충족할 수 있는지, 성장 동력이 지속 가능한지를 다시 한번 점검하는 것이 중요합니다.

셋째, 투자 목적과 기간을 명확히 설정해야 합니다. 단기 차익을 노리는지, 아니면 미래 성장성을 믿고 장기 보유할지를 결정하고 이에 맞는 전략을 세워야 합니다.

또한, 고평가 구간에서는 전량 매수보다는 분할매수 혹은 일부 수익 실현 전략을 활용해 위험을 관리하는 것이 바람직합니다. 고평가된 주식은 조정 시 큰 폭의 하락이 발생할 수 있으므로 손절매 라인과 목표 수익률을 미리 정해두는 등 위기관리가 필수적입니다.

요약하면, '좋은 기업, 좋은 주가'는 투자자에게 안정적이고 매력적인 기회를 제공하지만, '좋은 기업, 높은 주가'는 성장 기대감은 크나 밸류에이션 부담과 변동성이 높아 신중한 접근이 필요합니다. 따라서 비싼 주식에 투자할 때는 성장성의 현실성 검증과 철저한 위기관리, 그리고 분할매수·매도 전략을 병행하는 것이 성공적인 투자의 핵심입니다.

> ✔ 좋은 기업이라도 비싼 주가는 반드시 성장성 대비 밸류에이션을 따져라!
> ✔ 적정 주가의 좋은 기업에 투자하는 게 위험 적고 장기 수익에 유리하다.

ETF vs 개별주: 조화의 전략

주식투자에는 크게 두 가지 방법이 있습니다.

전통적인 방법으로는 삼성전자, SK하이닉스, 현대차 같은 특정 회사의 주식을 직접 사는 '개별 종목 투자'가 있습니다. 대부분의 개인투자자들이 행하고 있는 방법입니다. 하지만, 최근 들어서는 'ETF/인덱스 투자'를 하는 개인투자자들도 점차 늘어나고 있습니다. 코스피200처럼 여러 종목을 묶어 놓은 '패키지'에 투자하는 것인데, ETF는 '주식처럼 사고팔 수 있는 펀드'라고 생각하면 됩니다.

개별 종목 투자는 수익이 클 수 있지만, 변동성이 크고 위험도 큽니다. 반면, ETF/인덱스 투자는 안정적이지만, 수익률이 다소 평범할 수 있습니다. 그래서 두 가지를 '반반' 또는 비율 조절로 섞어가는 전략이 필요합니다. 소위 '날개'와 '몸통'을 조화롭게 쓰면 좋을 수 있습니다.

개별 종목 투자는 수익을 노리는 '날개'입니다. AI, 2차전지, 반도체 등 성장 기대가 큰 종목에 선택적으로 투자하는 것인데, 위험도 있으니, 전체 자산의 절반 정도로 채우시면 좋을 것입니다.

나머지 절반은 ETF나 인덱스 투자로 채우시면 되는데, 포트폴리오의 '몸통'이 된다고 보면 됩니다. 코스피200, S&P500, 나스닥 100 ETF 등과 같이 시장이 올라가면 같이 오르고, 빠져도 덜 빠지는 장점이 있습니다.

ETF로 테마 접근하는 방법도 최근 많이 사용되는 전략일 것입니다. 반도체가 좋을 거는 같은데, 어떤 회사를 사야 할지 모를 때 테마형 ETF를 활용하면 효과적일 수 있습니다. TIGER 반도체 ETF, KBSTAR AI ETF 등과 같이 개별 종목을 몰라도 해당 산업의 흐름을 따라갈 방법입니다.

시장 상황에 따라 비중을 조절해 가는 전략을 써도 효과적 일 수 있습니다. 불확실성 클 때는 ETF 비중을 높이고, 안정적으로 운용하고, 강세장 확신 들 때는 개별 종목 비중을 늘려 공격적으로 대응하는 것도 방법일 수 있습니다. 시장이 좋아질수록 '날개'를 펼치고, 안 좋을 땐 '몸통'으로 버티는 전략인 셈입니다.

✓ ETF는 방패, 종목은 창…. 결국 핵심은 균형이다.
✓ 시장은 예측할 수 없지만, 대응은 준비할 수 있다.

AI 트레이딩 시대, 개인투자자의 무기화

인공지능은 이제 시장을 '분석'하는 수준을 넘어 '참여'하는 플레이어가 되었습니다. 글로벌 자산운용사와 헤지펀드들은 이미 기계 학습 기반 알고리즘[21]으로 거래를 자동화하고 있으며, 이른바 'AI 퀀트 펀드'는 2020년대 들어 빠르게 성장하고 있습니다. 시장 미세구조를 실시간 분석하고 매매 시점을 1초 단위로 조절하는 AI 시스템은, 전통적인 인간 트레이더의 대응 속도를 압도합니다.

하지만 이는 대형 기관에 국한된 이야기만은 아닙니다. 최근에는 ChatGPT 기반의 투자 시나리오 생성, AI 뉴스 감성 분석, AI 기반 기술적 지표 분석 도구 등이 개인투자자에게도 속속 제공되고 있습니다.

특히 고빈도 거래보다는 중장기적 추세 예측과 위기관리 시뮬레이션 측면에서 AI는 개인투자자에게 실질적인 도구가 되어가고 있습니다.

인공지능 시대의 투자전략은 다음의 세 가지로 요약할 수 있습니다.

---

[21] 데이터를 학습해 스스로 패턴을 찾아내고, 예측하거나 판단하는 '자기 학습(self-learning) 방식'의 알고리즘을 말함. 즉, 사람이 명확한 규칙을 미리 지정하지 않아도, 데이터에서 규칙을 스스로 발견하는 것이 핵심임.

- 정보 탐색의 AI화: 투자 아이디어를 찾는 데에 ChatGPT 등 언어 모델을 활용
- 감정 배제의 알고리즘화: 시장에 흔들리지 않는 기계적 분할매수·매도
- 포트폴리오 리밸런싱의 자동화: ETF 중심 자산 재배분 시스템

AI가 만든 데이터를 그대로 맹신해서는 안 되지만, AI를 투자 '참모'로 활용하는 개인투자자는 점점 더 유리한 고지를 점령하게 될 것입니다.

✓ **투자의 미래는 기술을 무기로 삼는 자에게 열린다.**

부록 2 | 필자의 최근 주요 동영상 기록

- 2024년 9월 10일 촬영분: '금투세 논란' 끝나면 투자자들 돌아올까?

  (출처: SBS Biz) https://www.youtube.com/shorts/FYP0j5nw0ll

- 2024년 10월 28일 촬영분: "삼전, 형편없는 성적표" 10년간 주가 성적 비교

  (출처: SBS Biz) https://www.youtube.com/shorts/g7sy0luzj2k

- 2024년 11월 18일 촬영분: 자사주 매입 효과? 삼성전자, 얼마나 오를까

  (출처: SBS Biz) https://www.youtube.com/shorts/6q0n-Nue28Y

- 2024년 12월 2일 촬영분: 깜짝 인하에도 투자자들, "Bye Bye 코리아"

  (출처: SBS Biz) https://www.youtube.com/shorts/_22NNcTV8WA

- 2024년 12월 9일 촬영분: 정치가 망친 국내증시 바닥신호는 아직?

  (출처: SBS Biz) https://www.youtube.com/shorts/JUIMm3_uLww

- 2025년 1월 6일 촬영분: 바닥 찍은 코스피? "상반기 0000선 간다"

  (출처: SBS Biz) https://www.youtube.com/shorts/MdBPMgB2_PU"

- 2025년 1월 13일 촬영분: 2400이냐 2600이냐 기로에 선 코스피, 어디로?

  (출처: SBS Biz) https://www.youtube.com/shorts/5Or4hV7E530

- 2025년 1월 13일 촬영분: 하이닉스 상승은 시간문제? "주가, 상당히 저평가"

  (출처: SBS Biz) https://www.youtube.com/watch?v=69om2TDRKcg

- 2025년 1월 13일 촬영분: 삼성전자 빈집털이하러 오는 외국인과 연기금

  (출처: 연합뉴스경제TV) https://www.youtube.com/shorts/j61OlkbIIPg

- 2025년 1월 13일 촬영분: 더 이상 떨어질 수 없는 바닥 신호가 나왔다

  (출처: 연합뉴스경제TV) https://www.youtube.com/shorts/usxlURsvdQU

- 2025년 1월 20일 촬영분: 2025 한국 주식시장을 주목해야 하는 이유

  (출처: 증시각도기TV) https://www.youtube.com/watch?v=JDRDRY5lMdo

- 2025년 2월 17일 촬영분: 대체거래소 시행 코앞 증권주, 주도주로 등극?

  (출처: SBS Biz) https://www.youtube.com/shorts/zjrKYQ3zPPQ

- 2025년 2월 17일 촬영분: 김치 프리미엄 금값 "금도 비트코인처럼.."

  (출처: SBS Biz) https://www.youtube.com/watch?v=mDdA_V1k1Sc

- 2025년 2월 27일 촬영분: 상반기 상승장, 하반기엔 급등장!? / 한국 증시 대세 상승 시나리오 공개!

  (출처: 815머니톡) https://www.youtube.com/watch?v=9uNSzdHVnjE

- 2025년 3월 10일 촬영분: "목표주가 35만원" SK하이닉스의 봄?

  (출처: SBS Biz) https://www.youtube.com/shorts/jYBGsM_xOPc

- 2025년 3월 31일 촬영분: 이 또한 지나가리? 환율 1,500원 전망은

  (출처: SBS Biz) https://www.youtube.com/shorts/veSCxRhGFek

- 2025년 4월 28일 촬영분: 달러 약세 이어진다 가까워진 1300원대?

  (출처: SBS Biz) https://www.youtube.com/watch?v=rFJz8jQ3xjo

- 2025년 5월 19일 촬영분: 외국인, 삼전보다 하이닉스 사는 이유

    (출처: SBS Biz) https://www.youtube.com/shorts/birR85hJghw

- 2025년 5월 28일 촬영분: 한국 증시, 이제 강세장 시작이다?

    (출처: 증시각도기TV) https://www.youtube.com/watch?v=d3eF3kSRwus

- 2025년 5월 28일 촬영분: 배당만 늘어도 주가가 폭등한다고요? 거대한 자금의 로테이션 시작된다

    (출처: 증시각도기TV) https://www.youtube.com/watch?v=p7zQ9bWqCkM

- 2025년 6월 2일 촬영분: 결국 굴복할 트럼프? "시장을 이길 순 없어"

    (출처: SBS Biz) https://www.youtube.com/shorts/afsYh-8f4Jk

- 2025년 6월 5일 촬영분: 한국 증시 대 상승장의 시작.. 코스피 3500도 가능한 이유 "지금 팔면 물량 뺏기고 후회한다"

    (출처: 815머니톡) https://www.youtube.com/watch?v=M9iQEvCltC4

- 2025년 6월 9일 촬영분: 코스피 3000? '이것'을 보면 안다

    (출처: SBS Biz) https://www.youtube.com/shorts/qOC_-ByFrG0

- 2025년 6월 16일 촬영분: 국장 탈출? NO 국장 복귀가 지능순!

  (출처: SBS Biz) https://www.youtube.com/shorts/H07ejufMHRA

- 2025년 6월 17일 촬영분: 2000년 중반 '바이코리아' 상승장 다시 온다!

  (출처: 증시각도기TV) https://www.youtube.com/watch?v=OuNp85fdM8Q&t=87s

- 2025년 6월 25일 촬영분: 코스피 목표가 줄상향 "4000 언저리도 가능"

  (출처: SBS Biz) https://www.youtube.com/shorts/HLyQmyLu2ko

부록 3 | 주요 용어 정리

▮ DuPont ROE 분석:

기업의 자기자본이익률ROE을 수익성과 효율성, 재무구조 등으로 진단하는 재무 분석 기법. 1920년대 미국의 화학기업 듀퐁DuPont에서 처음 도입되어 지금까지도 널리 활용되고 있음.

▮ Great Rotation(그레이트 로테이션):

금리나 자산 선호의 변화에 따라, 기존에 부동산이나 채권에 몰렸던 자금 등이 주식시장과 같은 위험자산으로 이동하는 현상.

▮ 기계 학습 기반 알고리즘(Machine Learning Algorithm):

데이터를 학습해 스스로 패턴을 찾아내고, 예측하거나 판단하는 '자기 학습self-learning 방식'의 알고리즘을 말함. 즉, 사람이 명확한 규칙을 미리 지정하지 않아도, 데이터에서 규칙을 스스로 발견하는 것이 핵심임.

▍대형언어모델(LLM):

수백억~수조 개의 단어와 문장을 학습하여, 인간처럼 자연스러운 언어 이해와 생성을 할 수 있는 모델. 생성형 AI 중에서도 텍스트 기반 작업(질문/답변, 요약, 번역, 글쓰기 등)을 수행하는 핵심 엔진임.

▍리밸런싱(Rebalancing):

운용 자산의 비중을 재조정하는 작업. 시간이 지남에 따라 시장 가격이 변동하면서 처음 설정한 자산 비율에서 벗어나기 때문에, 이를 다시 원래 또는 새 기준에 맞게 조정하는 것.

▍배당수익률(Dividend Yield):

주가 대비 주당 배당금의 비율로, 투자자가 주가 기준으로 얼마나 배당을 받는지를 나타내는 지표임.

▍배당성향(Dividend Payout):

기업이 벌어들인 순이익 중에서 얼마를 배당금으로 지급하는지를 나타내는 비율임. 배당성향이 높으면, 기업이 이익을 주주에게 많이 돌려준다는 의미임. 배당성향이 너무 낮으면 배당을 소홀히 한다는 인식도 줄 수 있으며, 너무 높으면 장기 투자나 재무 건전성에 부담이 될 수 있음.

▎생성형 AI:

기존 데이터를 학습해, 사람이 만든 것처럼 새로운 콘텐츠(텍스트, 이미지, 음성 등)를 자동으로 생성하는 인공지능. 기존 AI는 판별 classify 중심이었지만, 생성형 AI는 창조create에 초점을 둠.

▎숏 커버링(Short Covering):

공매도Short Selling했던 투자자가 주식을 다시 사서 포지션을 청산(상환)하는 행위임.

▎숏 스퀴즈(Short Squeeze):

공매도 세력이 많을 때 주가가 급등하면, 이들이 손실을 막기 위해 강제로 매수에 나서면서 주가가 더 폭등하는 현상임.

▎스튜어드십 코드(Stewardship Code):

연기금이나 기관투자자와 같은 자산운용자들이 기업의 장기적 가치 제고와 지속 가능한 성장을 위해 주주의 책임을 충실히 이행하도록 유도하는 원칙을 말함.

▎시스템 반도체(System Semiconductor):

정보를 계산하고 제어하는 기능 중심의 반도체로, CPU, GPU, AI 칩, 모바일 AP 등이 대표적임. 반대 개념은 메모리 반도체임.

┃ 알고리즘 매매(Algo Trading):

컴퓨터 프로그램이 미리 정해진 조건(알고리즘)에 따라 자동으로 주식, 채권, 파생상품 등을 매매하는 방식임. 사람 대신 기계가 사고 팔기를 실행함. 알고리즘 전략으로는 시장 추종Momentum, 평균회귀 Mean Reversion, 차익거래Arbitrage, 뉴스 기반 매매 등이 있음.

┃ 주가 재평가(Rerating):

단순히 단기 실적 개선이 아닌, 기업의 구조적 변화나 시장 환경의 변화에 따라 평가 기준(PER, PBR 등) 자체가 상향 조정되는 현상을 의미함. 과거 저평가 상태로 방치됐던 종목들이 새로운 성장 논리, 지배구조 개편, 수익성 개선, 글로벌 사업 확대 등을 통해 재조명받으며 시장에서 높은 밸류에이션을 부여받는 흐름임.

┃ 파운드리(Foundry):

반도체를 설계한 기업을 대신해 '제조'만 전문으로 해주는 공장 또는 기업을 말함. 설계와 생산을 분리한 분업 모델에서 나오는 개념임.

포모(FOMO):

Fear Of Missing Out의 줄임말로, 소외될까 봐 두려움, 기회를 놓칠까 두려움, 또는 뒤처질까 봐 불안함 등으로 번역됨.

| 환 헤지(Hedge):

환율 변동에 따른 손실을 방지하거나 줄이기 위해 사용하는 위험 관리 수단. 주로 해외 자산에 투자하거나, 해외에서 수출입 거래를 하는 기업이나 투자자들이 활용.